Karl Spitaler Architektur erzählt / Architettura narrativa

Meinem Vater Walter, *A mio padre Walter,*
Kurt und Marcella *Kurt e Marcella*

Karl Spitaler

Architektur erzählt / Architettura narrativa

Mit Beiträgen von / con testi di
T. Bernhart
G. Bodini
J. Feichtinger
G. Mariani

haymon

Diese Publikation wurde ermöglicht durch die Förderung der Südtiroler Landesregierung

Questa pubblicazione è stata resa possibile grazie al sostegno della Giunta Provinciale di Bolzano

Redaktion: Architekt Dr. Karl Spitaler

Fotos: G. Bodini, G. Dal Magro, W. Niedermayr, A. Ochsenreiter, O. Seehauser, K. Spitaler

Übersetzung: Giancarlo Mariani

Lektorat: Toni Bernhart / Maurizia Spitaler

Lithos: Lanarepro, Lana

Druck: Lanarepro, Lana,

Karte: Freytag & Berndt, Wien

Graphisches Konzept: Dall'O & Freunde

Alle Rechte vorbehalten

© Architekt Dr. Karl Spitaler

© aller Abbildungen bei den Fotografen

ISBN 3-85218-356-1

Redazione: Architetto Dott. Karl Spitaler

Fotografie: G. Bodini, G. Dal Magro, W. Niedermayr, A. Ochsenreiter, O. Seehauser, K. Spitaler

Traduzioni: Giancarlo Mariani

Lettorato: Toni Bernhart / Maurizia Spitaler

Litografie: Lanarepro, Lana

Stampa: Lanarepro, Lana

Mappa della zona: Freytag & Berndt, Vienna

Progetto grafico: Dall'O & Freunde

Tutti i diritti riservati

© Architetto Dott. Karl Spitaler

© delle fotografie dagli autori

ISBN 3-85218-356-1

www.architekt-spitaler.com

Haymon Verlag 2001

Inhalt		**Indice**
die alte eleganz der architektur	7	l'antica eleganza dell'architettura
Schloß Juval	8	Castel Juval
Wohnanlage St. Franziskus Schlanders	18	Complesso abitativo San Francesco Silandro
Wohnanlage Schluderns	26	Complesso abitativo Sluderno
Freizeitanlage Trattla Martell	32	Complesso tempo libero Trattla Martello
Zwei Klöster - Kapuzinerkloster Bozen	38	Due conventi - Convento Cappuccini Bolzano
Kloster St. Johann Müstair	50	Convento San Giovanni Müstair
Raiffeisenkasse Kastelbell	72	Cassa Rurale Castelbello
Raiffeissenkasse Schlanders	80	Cassa Rurale Silandro
Sparkassenplatz Schlanders	84	Piazza della Cassa di Risparmio Silandro
Musikschule Naturns	90	Scuola musicale Naturno
Bäckerei Preiss Kastelbell	94	Panificio Preiss Castelbello
Zivilschutzzentrum Martell	98	Centro Protezione Civile Martello
Die Kathedrale von Aiquile/Bolivien	104	La cattedrale di Aiquile/Bolivia
Villa Augusta	108	Villa Augusta
Gedanken und Erinnerungen	115	Scritti e ricordi
Wenn der Architekt zum Berg gehen muß	117	Quando l'architetto deve andare alla montagna
Überlegungen zu meiner Architektur	118	Considerazioni sulla mia architettura
Bauen im Vinschgau	119	Costruire in Val Venosta
Gedanken	121	Pensieri
Ein Kind	122	Un bambino
Projekte	127	Progetti
Wettbewerbe	159	Concorsi
Dank	169	Ringraziamenti
Publikationen/Veröffentlichungen	170	
Lebenslauf	171	
	172	Pubblicazioni
	173	Biografia
Landkarte	175	Cartina geografica

die alte eleganz der architektur
giancarlo mariani

l'antica eleganza dell'architettura
giancarlo mariani

der vinschgau ist gezeichnet von herber eleganz und schönheit und armut. ein ursprüngliches tal - das seine wurzeln zu bewahren imstande war und sich von niemandem etwas vorschreiben ließ. ein tal - von dem wir lernen können. ein tal der begegnung - manchmal der konflikte - zwischen unterschiedlichen stämmen - räter und römer und germanen und auch zimbern und baiuwaren - dann auch italiener. sie haben sich vermischt - die vinschger - und dabei die stolzen eigenschaften der unterschiedlichen eindringlinge angenommen - nicht die bretter vor dem kopf. daraus sind die vinschger hervorgegangen - ein bergvolk - abgetrennt von meran und der töll - der alten zollgrenze - die schwer zu durchbrechen war und von mächtigeren beherrscht wurde - die so mächtig nicht mehr waren. und - von der anderen seite - aber sehr viel später - der druck von calvin und zwingli - weniger unter dem einfluß des fastenden klaus von der flüe - sie zeichneten die grenzen zwischen verschiedenen religionen. aber die vinschger waren nie religiös - im strengen sinn: sie haben tempelchen gebaut - romanische - rätoromanische - und haben sogar bei den dachziegeln gespart - die es nicht gibt. die kirchturmspitzen dieser romanischen kirchlein sind wie ohne viel grammatik und wie ohne die regeln des satzbaus hingeschrieben: sie sind nackte spitzen. und nackt müssen sie sein und bleiben: und das hat karl spitaler verstanden: er baut seine giebel in glas - einem armen material - das aber licht bringt. und daraus geht die alte architektur hervor: die romanische architektur - die rätoromanische? - ladinische? wer weiß. wie in classe bei ravenna: unten ein fenster - licht! - darüber ein doppelfenster - licht licht! - oben ein dreibogiges fenster - licht licht licht! - und das alles nicht nur - um dem mauerwerk gewicht zu nehmen - sondern um die sonne hereinzutragen - wie bei dante alighieri. die sonne des vinschgaus. und welches licht könnte besser die geraubten bäume - die durch die venezianischen meere getrieben sind - wettmachen - als jenes - beherbergt und behütet von einem glasturm? - das kann uns karl spitaler sagen - alter moderner architekt der - so hoffen wir - nicht verlorenen zeiten.

la venosta è una valle d'irsuta eleganza e bellezza e povertà. una valle primordiale ch'è riuscita a conservar le proprie origini senza farsi condizionare da nessuno. una valle che vale a insegnarci qualche cosa. una valle d'incontro - alle volte di scontro - fra genti diverse - rèti e romani e germani ed anche cimbri e baiuvari - poi anche italiani. e si son mescolati - i venostani - acquisendo la fierezza - non le meschinità - di ciascuno degli invasori. è così ch'è nato un popolo - un popolo di montanari - separato da merano dalla töll - l'antica dogana invalicabile controllata da gente più potente - non già più forte - dei venostani. e - dall'altra parte - ma molto più tardi - le pressioni di calvino e di zwingli - quanto poco controllate dai digiuni di klaus von der flüe - che segnavano i confini tra religioni diverse. ma i venostani non sono stati mai religiosi - in senso stretto: hanno costruito tempietti - romanici - retoromani - risparmiando addirittura sulle tegole - che non ci sono. le cuspidi dei campanili di quelle chiesette ladine sono scritte senza troppa grammatica o sintassi: son cuspidi nude. e nude devono essere e devono restare: e questo karl spitaler l'ha capito: ha costruito le sue cuspidi in vetro - materiale povero - ma portatore di luce. ed ecco l'antica architettura che se ne rispunta: l'architettura romanica - retoromanica? - ladina? chissà. come a classe - presso ravenna: in basso una finestra - luce! - più in alto una bifora - luce luce! - in alto una trifora - luce luce luce! - e questo non solo per togliere peso ai volumi ma proprio - come in dante alighieri - per apportare il sole. il sole della venosta. e quale sole può meglio supplire al furto degli alberi - che han vagato per i mari veneziani - che quello ospitato ed accolto da una cuspide di vetro? - questo ce lo può dire karl spitaler - vecchio moderno architetto di tempi - speriamo - non perduti.

Schloß Juval

Castel Juval

Im Dezember 1982 saß ich mit meiner Frau Maurizia und den Kindern im Hotel Marlet in Sulden. Da trat Paul Hanny an mich heran und fragte mich, wie man bei Sanierungen zu Beiträgen komme. Ich wunderte mich, daß Paul Hanni - im Auftrag des Bauherrn Reinhold Messner - gerade mich konsultierte, einen unbekannten Architekten. Und umso mehr verwunderte mich das, als Messner mich im August wissen ließ, er hätte bereits einen Architekten. Damals nämlich hatte ich ihn nach einem seiner Vorträge angesprochen und gesagt, ich hätte Erfahrung mit Schloßsanierungen (was nur zum Teil gestimmt hatte).

Anfang Jänner - es war der erste Arbeitstag im neuen Jahr - kam ein Anruf mit der Einladung zum Lokalaugenschein auf Schloß Juval. Ich wußte nicht, wie man dort hinaufkommt, ließ mir das aber nicht anmerken. Der Weg kam mir unendlich lang vor, es war eisig und ging bergauf. Wir haben dann zusammen die Räumlichkeiten im Schloß angesehen. Reinhold hat ein paar Fixpunkte gesetzt und mir erklärt, wo er was haben möchte und daß ein Techniker schon am Planen sei. Er hat mir die Pläne gezeigt; mich hat das sehr erfreut, weil ich gemerkt habe, daß ich zu mehr fähig bin.

Ursprünglich wollte der Bauherr, versehen mit Geometerdiplom und ein paar Semestern Tiefbau, die Sanierungsarbeiten selber durchführen. Angesichts der Komplexität der Bauaufgabe, und weil er immer wieder abwesend war, wurde dann unser Büro mit den Arbeiten betraut. Bei der ärgsten Kälte haben meine Mitarbeiter mit der Bauaufnahme begonnen. Als Basis diente eine Bestandsaufnahme aus dem Jahre 1941. Das Projekt hat bald gestanden, Reinhold hat es gutgeheißen, ist dann aber gestartet zur Besteigung der Achttausender, die ihm noch gefehlt haben. Für mich begann jetzt eine gute Zeit. Meine Gesprächspartnerin war

In un tempo, nel mese dicembre 1982, me ne stavo seduto con mia moglie, Maurizia, e con i miei figli, a Solda, all'albergo Marlet. A un certo punto mi si fece vicino Paul Hanny, per domandarmi dove ci si potesse rivolgere per ottenere dei contributi per un risanamento edilizio. Rimasi stupito dal fatto che Paul Hanny - su incarico del committente Reinhold Messner - si rivolgesse proprio a me, questo oscuro architetto. Ed il mio stupore andò aumentando sempre di più, quando il committente (Messner appunto) mi fece sapere di avere già un architetto. Eravamo in agosto. È ben vero che, di fronte ad una dei suoi rapporti, avevo risposto dicendo di avere esperienza per quel che riguardava il risanamento dei castelli (cosa in parte non vera).

All'inizio di gennaio - era il primo giorno lavorativo dell'anno venne una telefonata per invitarmi ad un sopralluogo al castello. Non avevo idea di come ci si arrivasse, ma non me ne feci accorgere. La strada mi pareva interminabile, era ghiacciata e in salita. Insieme, dopo, abbiamo osservato le disponibilità di spazio offerte dal castello. Reinhold aveva stabilito un paio di punti fissi, spiegandomi dove e come avrebbe voluto questo e quest'altro, e che un tecnico stava già provvedendo ai progetti. Me li ha pure mostrati. E questo mi ha fatto piacere, perché m'ha fatto accorgere di saperne un po' di più, sull'argomento.

In origine il committente, con il suo diploma di geometra ed un paio di semestri di ingegneria mineraria, voleva intraprendere i lavori personalmente. Poi, in considerazione della complessità del compito, ed anche per le sue quasi continue assenze, fu incaricato dei lavori il nostro studio. I miei collaboratori hanno cominciato ad occuparsene del rilievo con il freddo più intenso. La base di tutto era un rilievo tecnico risalente al 1941. Il progetto prese forma in poco tempo, a Messner andava bene,

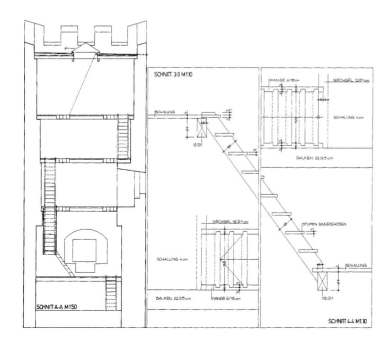

Reinholds Lebensgefährtin Uschi Demeter, die Handwerker konnte ich mitbringen. Es waren junge Burschen von der Baufirma Hauser, die zusammen mit dem Bauern Toni sehr progressive Arbeitsgeräte entwickelt haben: Eine Mähmaschine wurde zum Transportgerät umgebaut. Toni hat den Sand mit seinem Alpinist durch das Eingangstor gezielt; mit der umgebauten Mähmaschine wurde dann jeder Kubikmeter Sand in den oberen Schloßhof gebracht, denn für einen Traktor oder einen Lkw gab es keine Zufahrt.

Zunächst wurde der Bergfried, der ziemlich desolat ausgesehen hat, gereinigt. Dann erst konnte man die Schäden erkennen. Zu diesem Zeitpunkt wurden Reinhold von sogenannten Freunden andere Firmen empfohlen. Gekommen sind dann zwei pseudowissenschaftliche Baumeister, dessen Arbeiter auch sehr von sich eingenommen waren; natürlich verstanden sie alles besser - bis Reinhold sie nach drei Tagen fristlos entlassen hat.

Im Sommer wurden der Bergfried und der Turm saniert und mit einem Flachdach und einer Glaspyramide abgedeckt. Die Turmanlage sollte als Ausstellungsraum genutzt werden. Ich habe mit Modellen versucht, Reinhold zu überzeugen, daß die Belichtung von oben ideale Lichtverhältnisse für die ausgestellten Objekte schafft. Die Anlage würde in etwa an das von Frank L. Wright in New York erbaute Guggenheim-Museum erinnern, wo der Besucher über Stiegen und Galerien in einer spiralenförmigen Gehbewegung bis ins obere Stockwerk gelangt. Doch während der Sanierungsarbeiten im Sommer hat im Turm der Blitz eingeschlagen und dort und auch im Schloß ziemliche Schäden angerichtet. Trotzdem konnte im Winter schon der Innenausbau getätigt werden.

Nach Abschluß der Arbeiten habe ich in der "Bauwelt" einen Artikel publiziert. Das gelang recht gut. Der Name Messner hat natürlich sehr gezogen, und aufgrund einer Vereinbarung mit Reinhold konnte ich als der Architekt von Schloß Juval auftreten. Medien und Fotografen haben in der Folge oft mit mir Kontakt aufgenommen.

Vor kurzem war ich nach zwölf Jahren wieder zum ersten Mal auf Juval. Inzwischen ist das mittelalterliche Wehr- und Wohnschloß mit asiatischen Kunst- und Kultgegenständen vollgestopft. Man fühlt sich in die sechziger Jahre zurückversetzt, als "die Deutschen" um 50 Mark die schönsten Truhen außer Landes gebracht haben. Vermutlich sind die Kulturgüter aus dem Tibet auf ähnliche Weise nach Europa gelangt. Das unternehmerische Konzept: Hinaufgehen, Geld liegen lassen und weggehen.

ma eccolo ripartire alla conquista degli ottomila che ancora gli mancavano. Per me cominciavano tempi migliori. La mia interlocutrice era Uschi Demeter, compagna di vita di Reinhold, e le maestranze potevo portarmele io. Era gente giovane, dell'impresa edile Hauser, i quali, insieme con il contadino Toni, si avvalevano di un'attrezzatura veramente progredita: venne adattata a veicolo per il trasporto dei materiali una falciatrice. Toni, con il suo trabiccolo da montagna era riuscito a passare per il portone d'ingresso e, con quella falciatrice riadattata, ogni metro cubo di terra è arrivato fino alla corte superiore del castello. Per un trattore o per un camion il percorso sarebbe stato inaccessibile.

Prima di tutto si procedette alla pulizia della torre a monte, che appariva piuttosto desolata. Soltanto dopo quest'operazione fu possibile valutare i danni. E, a questo punto, alcuni sedicenti amici indussero Reinhold ad incaricare altre imprese. Ed ecco arrivare due impresari, grondanti di pseudocultura, tutti compresi nella sacralità dell'opera. È chiaro, sapevan tutto loro, meglio degli altri finché, dopo tre giorni, Reinhold li liquidò senza preavviso.

Nel corso dell'estate si provvide al risanamento della fascia a monte e della torre, che vennero rispettivamente sormontate da una tettoia piatta e da una piramide in vetro. Il manufatto della torre doveva servire da spazio espositivo. Con una serie di modelli avevo cercato di convincere Reinhold che l'illuminazione dall'alto aveva gli attributi migliori per la valorizzazione dei pezzi esposti. La sistemazione poteva in qualche modo far tornare alla memoria quella del museo Guggenheim di Frank L. Wright a New York, dove i visitatori raggiungono i piani elevati attraverso rampe e gallerie disposte in un tragitto spiraliforme. Purtroppo, durante i lavori di risanamento, in agosto un fulmine si abbattè sulla torre, provocando dei danni rilevanti sia alla torre che al castello. Tuttavia, già nell'inverno, i lavori interni potevano dirsi conclusi.

Dopo la fine dei lavori ho pubblicato un articolo nella rivista "Bauwelt", che ebbe un ottimo effetto. Il nome di Messner, naturalmente, aveva il suo peso e, sulla base d'un accordo con Reinhold, avevo il privilegio di comparire come l'architetto di castel Juval. In seguito, operatori mediali e fotografi hanno avuto frequenti contatti con me.

Recentemente, dopo dodici anni, sono tornato a castel Juval per la prima volta. Nel frattempo la rocca-castello medioevale s'è andata colmando completamente di pezzi d'arte e oggetti di culto asiatici. Ci si trova ricacciati negli anni sessanta, quando i "germanici" portavano via da questa terra le "Truhen" (cassettoni) più belli per la modica cifra di cinquanta marchi. È probabile che anche i pezzi provenienti dal Tibet siano giunti in Europa alla stessa maniera. Un concetto sommerso: salire, abbandonare il denaro ed andarsene.

Zur Geschichte

Romanischer Name. Die erste Burganlage wurde von Hugo von Montalban um 1780 erbaut. Die Besitzung ging auf Kastellane über. Seit 1368 Besitz der Herren von Starkenberg, ab 1540 der Familie Sinkmoser. Von diesem Zeitpunkt an können bauliche Strukturen und Änderungen nachvollzogen werden. Die Burg erlebte im 16. Jahrhundert ihre Blüte, bis sie an die Grafen von Hendl überging, die jedoch ihren Wohnsitz im Tal bevorzugten. Dadurch verwahrloste die Burg sehr rasch. Als sie zu Beginn des 19. Jahrhunderts an den Bauern Josef Blaas verkauft wurde, war der Verfall schon unaufhaltsam. Die Bauern benutzten die Burg als Steinbruch für ihre neuen Gehöfte. Der westliche Teil stürzte 1892 vollständig ein. 1913 wurde die Burganlage von einem Holländer gekauft und saniert. Während des Zweiten Weltkriegs wurden Kriegsgefangene und SS-Truppen einquartiert. Reinhold Messner erstand das Objekt im Jahre 1983.

Bestand und Gliederung

Die Ruine umfaßt den Bergfried, die Wehrmauer und den Wohntrakt (Palas) aus dem 15. Jahrhundert. Während der Sanierung 1983-1985 wurden diese Gebäudeteile gefestigt und saniert.
Der Burgweg zieht sich entlang einer künstlich verbreiterten Felsspalte und wird von zwei Bögen überspannt. Die Burganlage ist von einer Wehrmauer umgeben, die durch drei Türme unterbrochen wird. Der Palas mit rechteckigem Grundriß steht an der Felskippe. Seine beiden romanischen Fenster und das Rundbogenfenster (zwei- und dreifach) zeugen vom alten Kern der Anlage. Durch den Umbau durch Sinkmoser um 1540 erlangte der Palas durch einen Zubau und die Erschließung von Süden her die bis heute typische Charakteristik. Der Palas hat vier Geschosse. Die ursprünglich reichen Malereien im ersten Stock schildert Josef Weingartner:
"Im schmalen Flur reicher Sockel mit Viereckfeldern, die abwechselnd Rundmedaillons und Rauten mit Imperatorköpfen einschließen. An den Fenster- und Türrahmungen Karyatidenhermen oder Pilaster, als Aufsätze Ranken und Putti. An den Wänden unter den Gewölbefüßen zierliche Säulchen, aus Volutenbändern und Laubwerk gedreht und geflochten - auch an der hölzernen Balkendecke, von der noch Reste erhalten sind, Spuren von Bemalung."

Sanierung

Mir erging es wie dem Bergsteiger, der vor dem Aufstieg zu einem Achttausender ohne Sauerstoff steht.
In der ersten Bauphase wurden Bergfried und Nordtrakt, die vom Verfall bedroht waren, gesichert. Die Sanierungsarbeit im Palas konzentrierte sich auf Einbau und Auswechseln von Fenstern, den Einbau eines Bades und der Decken im zweiten Obergeschoß und die Sanierung der Böden und - mit besonderem Augenmerk - der Fresken. Zuvor war der in weißem Marmor gehaltene Eckkamin fertigzustellen.
Die Steinmauerwerke wurden mittels Kieselsäurefester gefestigt. Die Anbringung erfolgte an der Oberfläche und in mehreren Arbeitsgängen, jedoch drucklos. Injektionen wurden im Bereich von Rißbildungen

Note storiche

Denominazione romanica. La prima sistemazione del complesso fu realizzata intorno al 1780 da Hugo von Montalban. La proprietà si trasmise attraverso la successione dei castellani. Dal 1368 i proprietari furono i signori di Starkenberg, e, dal 1540 della famiglia Sinkmoser. Da quel momento si può ritenere che venissero di seguito eseguiti lavori per quanto riguarda le strutture edilizie, comprese modifiche. La rocca conobbe la propria età dell'oro nel XVI secolo, fino al passaggio ai conti von Hendl, che comunque elessero la valle a propria residenza. Per questo motivo il complesso andò ben presto incontro alla rovina. Quando, all'inizio del XIX secolo, il castello fu venduto all'agricoltore Josef Blaas, la rovina si poteva dire irreversibile. I contadini la usavano come cava di pietre per costruirsi le proprie nuove case. La parte occidentale, nel 1892, crollò completamente. Nel 1913 un olandese acquistò e provvide a risanare il complesso. Durante la seconda guerra mondiale vi si acquartierarono prigionieri di guerra e reparti delle SS. Reinhold Messner se ne assicurò la proprietà nel 1983.

Stato di fatto e struttura

La rovina comprende la fascia a monte, la cinta delle mura e la parte residenziale (Pallas), che risalgono al XV secolo. Nel corso dei lavori, protrattisi dal 1983 al 1985, questi manufatti vennero rinforzati e risanati. La strada d'accesso al castello si inerpica lungo un crepaccio allargato artificialmente, ed è sormontata da due archi. Il complesso è circondato da una cinta muraria interrotta da tre torri. Il palazzo, a pianta quadrangolare, si erge sulla sommità della roccia. Le sue due finestre romaniche, la bifora e la trifora a sesto tondo stanno a testimoniare che si tratta dell'antico nucleo del complesso stesso. Grazie alla ristrutturazione eseguita da Sinkmoser intorno al 1540, l'edificio acquistò le attuali caratteristiche, con una costruzione aggiuntiva e l'apertura da sud. Il palazzo ha quattro piani. Le ricche pitture originarie del primo piano sono descritte cosi da Josef Weingartner:
"Includere in un vestibolo stretto con ricco zoccolo con campi quadrangolari, alternati, i medaglioni rotondi e le losanghe con teste di imperatori. Le cornici delle finestre vanno dotate di cariatidi o di pilastri, con capitelli a tralci o a putti. Alle pareti, in corrispondenza delle linee d'imposta della volta, delicate colonnine avvolte e intrecciate da torciglioni e fronde - anche sul soffitto ligneo a travi, in parte ancora conservato, tracce di pittura".

Risanamento

Ho provato quel che prova un alpinista che, prima d'intraprendere la scalata d'un ottomila, si trova senza ossigeno.
Nel corso della prima fase dei lavori si provvide alla stabilità della fascia a monte e del tratto settentrionale, che minacciavano di crollare. I lavori di risanamento nel palazzo si concentrarono nella installazione e nella sostituzione di finestre, oltre che di un bagno e dei soffitti al secondo piano. Oltre a ciò si trattava di risanare i pavimenti e di restaurare - con la massima attenzione gli affreschi. Prima ancora era necessario provvedere al completamento del camino d'angolo in marmo bianco, ancora conservato. Le opere murarie vennero rinforzate con impasto di

(nach Anbringung von Gips- und Glas-Kontrollelementen) mittels Kolloidalmörtel in Form von Silikatlösungen vorgenommen. Als Mauerwerksanker wurden Nadel- oder Spannanker verwendet. Der Verpreßanker wurde je nach statischer Erfordernis dimensioniert und mit Zement-Emulsion verpreßt. Putzschäden wurden lediglich mit Kalkmörtel behoben. Sämtliche Außenelemente am Palas wurden ausgewechselt und in Holz gefertigt. Da keine konventionelle Heizung eingebaut werden sollte, mußten die Öfen neu errichtet werden. Diese werden mit festen Brennstoffen betrieben. Lediglich im Bad wurde eine Elektro-Fußbodenheizung eingebaut.

Sämtliche Arbeiten wurden ortsansässigen Handwerken anvertraut.

Schlußbemerkung

Reinhold Messner erzählte mir einmal, ein Grund zum Kauf des Schlosses wären die beiden Himalayazedern im unteren Schloßhof gewesen. Sie vermitteln Ruhe. Die Schloßanlage diente eine Zeitlang Messner als Wohnsitz, heute wird sie als Museum betrieben. Messner wird das Gebäude den Besuchern offenhalten und von hier aus versuchen, die Brücken für ein anderes Südtirol zu schlagen. Bei der Sanierung von Schloß Juval hat sich keiner geschont, zumal vor der Rückkehr des Schloßherrn von einer Expedition jeder versuchte, sich selbst zu übertreffen. Ich glaube, daß einige Handwerker durch die besondere Motivation, die Bauherr und Schloß auslösten, wieder ihr materialverbundenes Selbstbewußtsein gefunden haben.

Karl Spitaler. Das gerettete Schloß Juval in Südtirol. Aus: Bauwelt Nr. 16, April 1986, S. 574, gekürzt.

acido silicico. I lavori procedettero sul soffitto e in molti passaggi di servizio, senza comunque dimostrarsi efficaci. Vennero praticate - in corrispondenza di zone che presentavano crepe utilizzando materiali di controllo a base di gesso e di vetro iniezioni di malta colloidale in forma di silicati in soluzione. Le opere murarie vennero ancorate con cavi a penetrazione e a tensione. Per esigenze di statica, l'ancoraggio a pressione venne dimensionato e compresso con emulsione di cemento. I danni provocati dalle opere di pulizia furono riparati semplicemente con malta di calce. Tutti gli elementi esterni al palazzo vennero sostituiti e rifiniti in legno. Dal momento che non era previsto l'installazione d'un impianto di riscaldamento convenzionale, bisognò provvedere a rimettere in funzione le stufe. Queste ultime vengono alimentate a combustibili solidi. Soltanto in bagno venne installato un piccolo impianto elettrico sotto il pavimento.

Tutti i lavori vennero affidati a maestranze residenti in loco.

Considerazione finale

Una volta Reinhold Messner mi raccontò che uno dei motivi dell'acquisto del castello erano i due cedri himalaiani nel cortile inferiore. Trasmettevano pace. Il complesso, per un periodo, veniva utilizzato da Messner come abitazione, oggi ospita un museo. L'alpinista aprirà il castello ai visitatori, per gettare ponti in direzione di un Alto Adige diverso. Durante i lavori di risanamento del castello di Juval nessuno ha risparmiato energie: soprattutto prima del ritorno del "castellano" da una spedizione, ognuno ha cercato di superare sé stesso. Sono convinto che alcune maestranze siano riuscite a ritrovare - attraverso le motivazioni particolari che stavano dietro sia al committente che al castello stesso la propria autocoscienza che li collega con ciò che è materiale.

Karl Spitaler. Das gerettete Schloß Juval in Südtirol. Da: Bauwelt n° 16, aprile 1986, pag. 574, ridotto

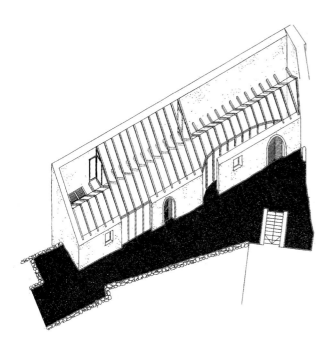
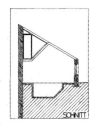
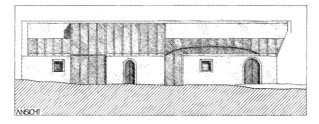
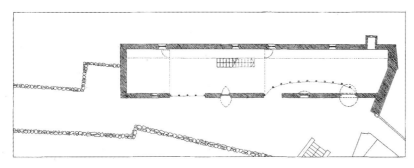

Wohnanlage St. Franziskus Schlanders

Josef Feichtinger

Complesso abitativo San Francesco Silandro

Josef Feichtinger

Ich fahre ein dutzendmal in der Woche vorbei, dem Schulweg zeigt die Siedlung ihre kantige, abweisende Schulter. Die einladende Seite, die Fensterfassade, läßt sich nur erahnen. Passanten haben im Privatraum nichts verloren. "Privat" heißt in der lateinischen Ursprache "einzeln, abgesondert". Vor 17 Jahren provozierten die schräggestellten Kuben die Bürger von Schlanders, und Spottworte flogen: "Seilbahnstation", "elefantischer Lego-Baukasten"… Die Spottworte haben mir gefallen, ehrlich. Tief in meinem Herzen hatte ich ein Bauernhaus erwartet, vielleicht den darunterliegenden "Kircher", etwas verkleinert, vervielfacht für sechs Familien. Jeder Südtiroler, der baut oder zusieht, wie gebaut wird, erwartet abgewandelte Bauernhöfe. Das hat gute Gründe: alle unsere Dörfer (und kleinen Städte) sind Bauernsiedlungen, Dorfkerne sind durch Bauernhäuser geprägt, die Kerntiroler sind Bauern, oder Bauernsöhne. Wie wir alle.

Widerspruchslos hat sich in den letzten dreißig Jahren ein Gürtel neotirolensischer Gastronomiebauten um die alten Dorfzentren gelegt, wo in Waben zwischen schwarzen Holzbalken Touristenbienen Demark-Honig erzeugen. Offensichtlich haben Bauherren und Planer jahrelang ein Architekturbuch mit drei Seiten kopiert. In den letzten zwanzig Jahren wurde das Recht auf ein Eigenheim ein Menschenrecht und "Sozialwohnungen" schossen an den Dorfrändern aus dem Boden. Die Architekten kopierten die folgenden drei Seiten, Gleichförmigkeit galt als hausgewordene Demokratie. Südtiroler Architekten sind eingeklemmt zwischen starrer Tradition und Vergewaltigung der Landschaft…

Die Wohnsiedlung Sankt Franziskus war ein Anfang.

Die Kanten sind abweisend, man könnte sich im Vorbeifahren die Haut aufreißen. Haute stört der Bau weder den Vorbeifahrenden noch den Anrainer. Ob das für oder gegen den Architekten spricht? Ich müßte darin wohnen. Dann wüßte ich eine Antwort.

Ci passo in motorino una dozzina di volte alla settimana, lì davanti: l'insediamento volge la schiena angolosa ed ostile alla via della scuola. La facciata invitante, quella con le finestre, s'intuisce soltanto. I passanti non han perso niente nello spazio privato. "Privato", nell'originaria accezione latina, significa "staccato, appartato". Diciassette anni or sono, quei cubi disposti obliquamente eran parsi una provocazione alla gente di Silandro, che se ne burlava: "stazione della funivia", "scatola di lego per elefanti" e così via. E queste definizioni burlesche mi piacevano davvero. Nel fondo del cuore m'ero aspettato una casa da contadini, come il "Kircher" sottostante magari rimpicciolito, il tutto moltiplicato per sei famiglie. Ogni sudtirolese, sia che costruisca sia che veda costruire, si aspetta case da contadini modificate. E questo ha i suoi buoni motivi: tutti i nostri paesi, comprese le città minori, sono centri agricoli, i nuclei dei paesi sono caratterizzati da case rurali, i sudtirolesi genuini sono agricoltori, o loro figli. Noi come tutti.

Di conseguenza, negli ultimi trent'anni, intorno ai nuclei abitati, si è andata sviluppando una cintura di edilizia gastronomica neotirolese, dove, fra le nere lignee banche, le api turistiche producono miele di marchi tedeschi. È evidente che committenti e progettisti, per anni, hanno copiato un testo d'architettura lungo tre pagine in tutto. Negli ultimi vent'anni il diritto a una casa propria è via via diventato uno jus gentium, e pertanto, nei dintorni dei paesi, sono spuntate dal suolo le "case sociali". E gli architetti sotto a copiare le famose tre pagine, e l'uniformità stava a significare democrazia che s'era fatta casa.

Gli architetti, in Alto Adige: si trovan fra l'incudine e il martello: la tradizione rigida e violenza al paesaggio…

Il complesso abitativo San Francesco costituisce un inizio.

Gli spigoli sono sporgenti, ci si potrebbe strappare la pelle passandoci accanto. Oggi l'edificio non disturba più nessuno: né il passante né il vicino. Che questo sia un punto a favore dell'architetto, o forse il contrario? Dovrei abitarci, laddentro. Allora saprei la risposta.

Wohnanlage St. Franziskus

Es war das erste Mal, daß ich gebaut habe. Die Planungsphase ist mir nicht mehr so genau in Erinnerung. Dafür aber der Moment, als ich im Restaurant gegenüber zu Mittag aß und das Gebäude wachsen sah. Ich wäre am liebsten im Boden versunken, denn das Gebäude wurde viel höher, als ich es mir im Kopf vorgestellt hatte: Ein Erdgeschoß, ein erstes und dann noch ein zweites Obergeschoß, ein Dachgeschoß und darauf das Pultdach. Die Form dieses Gebäudes war etwas Neues für Schlanders und hat sehr viel Überzeugungskraft gekostet. Der Bürgermeister Dr. Dr. Heinrich Kofler, damals erst seit kurzem im Amt, konnte sich nicht vorstellen, wie dieses Gebäude im Hang aussehen würde. Wir haben ihm mit Drähten die Höhen aufgezeigt. Auch mit den Bauherren war erst ein Auskommen zu finden: Ich mußte mich den sechs Familien verständlich machen, einer Gruppe, deren einziges, aber gemeinsames Ziel es war, ein Haus zu bauen, das von der Wohnbauförderung mitfinanziert wurde. Sie hatten einen starken Präsidenten, den Herrn Oberegger, dem haben sie vertraut. Der Auftrag fiel in die Zeit der Bürogemeinschaft mit Arch. Dietl. Ich habe zerlegbare Modelle gebaut, die den Aufbau veranschaulichen sollten: Das Gebäude ist geschoßversetzt, man kann also an der Nordseite ebenerdig hineingehen und an der Südseite ebenerdig heraus, obwohl das Gelände sehr stark nach Süden abfällt. Aus der versetzten Stockwerksbauweise ergeben sich viele Stiegen. Aber die sind das geringere Problem, wenn entsprechend viel Wohnfläche zur Verfügung steht. Freilich ergaben sich auch räumliche Verzwickungen, die erst im Modellbau zum Vorschein gekommen sind. Mir ist es aber gelungen, keinen unbelichteten Raum zu schaffen. Für jeden Raum gibt es ein Fenster oder eine Öffnung.

Überhaupt habe ich versucht, die Sonne voll auszunutzen. Dafür sind die Pultdächer sehr geeignet. Die Dachfläche ist hier nach Süden und Südwesten orientiert und bietet die Möglichkeit, den ganzen Tag über durch Sonnenkollektoren und direkte Einstrahlung Wärme hereinzubekommen.

Während des Baubeginns im Frühjahr bin ich mit der Sonne dann ins eigene Schwitzen gekommen, weil nichts mehr zusammengepaßt hat zwischen Plan und Realität. Die Baufirma war sehr unerfahren und ich natürlich auch. Ein ganzer Meter hat in der Länge des Grundstückes gefehlt, als die Wohneinheiten schon fix und fertig definiert waren. Durch das Verdrehen des Grundrisses konnten noch ein paar Zentimeter gewonnen werden, aber auch die haben die Situation nicht wirklich gerettet. Ich bin oft zwei-, dreimal am Tag auf diese Baustelle gegangen, weil ich dabei sehr viel lernen und immer wieder die Bauherren treffen konnte und - weil es meine einzige war. Die Leute im Dorf nannten diese Wohngebäude wenig liebevoll die Seilbahnstationen, man hat sich aufgeregt über die ungewohnte Bauform mit ihren Stiegenanlagen. Doch zwischen den Bauherren und dem Architekten hat sich ein Solidaritätsgefühl entwickelt: Das Auskommen war gefunden und gegenseitiges Verständnis entwickelt.

Die Häuser sind ausbaufähig. Das Dachgeschoß eignet sich als Einliegerwohnung für die Kinder, die heute erwachsen sind, aber damals noch Kinder waren, beim Firstfest im Rohbau, zwischen Grillhähnchen und Torten.

Complesso abitativo San Francesco

Era la prima volta, quella, che avevo costruito qualche cosa. Per quanto riguarda la fase progettuale, i miei ricordi, ormai, sono confusi. Ma la memoria di quando, dal ristorante di fronte, dove andavo a pranzare, ho visto quell'edificio cresciuto di fronte a me, è molto nitida. Sarei voluto sprofondare: la costruzione era infatti assai più alta di quanto l'avevo immaginata: un pianoterra, un primo piano ed ancora un secondo, più un sottotetto sormontato da un tetto a una falda. La forma di questa costruzione era un po' una novità per Silandro, ed era costata una buona dose di forza di persuasione. Il sindaco (dott. dott. Heinrich Kofler), che allora ricopriva la carica soltanto da poco, non riusciva ad immaginare come l'edificio sarebbe potuto apparire, su quel pendio. Gli abbiamo dovuto indicare le varie altezze con dei fili di ferro. Anche con i committenti bisognava ancora trovare un accordo: dovevo fare in modo di rendermi comprensibile a quelle sei famiglie, a quel gruppo il cui unico ed univoco scopo era quello di costruire una casa che godeva dei contributi previsti per l'edilizia agevolata. Avevano un presidente di ferro, il signor Oberegger, che seguivano con cieca fiducia. L'incarico venne affidato allo studio Dietl-Spitaler. Avevo realizzato una serie di modelli componibili, che avevano la funzione di illustrare la costruzione: l'edificio è a piani spostati, dunque vi si può accedere, sul lato nord, a livello del suolo, ed uscirne, sul lato sud, altrettanto a livello del suolo, anche se la pendenza fa apprezzare notevoli dislivelli in quest'ultima direzione. A causa della modalità di costruzione a piani spostati c'è un gran numero di scale. Ma si tratta, qui, d'un problema di secondaria importanza, dal momento che sono comunque disponibili ampi spazi abitativi. È chiaro che si presenta anche qualche complicazione, per quel che concerne lo spazio, che si è andata rivelando soltanto in fase di realizzazione del modello. Sono comunque riuscito a evitare la presenza di spazi non illuminati. Ogni ambiente, difatti, presenta una finestra o un'apertura. Ho cercato, insomma, di sfruttare appieno il sole e i tetti a falda sono i più adatti a questo scopo. La falda, nel nostro caso, è orientata in direzione sud e sud-ovest, ed offre la possibilità di accumulare calore, per tutto l'arco della giornata, sia per irradiazione diretta che con l'utilizzo di collettori solari. In primavera, all'inizio dei lavori, il sole mi ha fatto sudare davvero: fra teoria e prassi non quadrava più niente! L'impresa di costruzioni non aveva chissà quale esperienza in merito, ed io, naturalmente, nemmeno. Alla lunghezza del terreno mancava un metro intero, e le rispettive unità abitative erano già belle che definite. Distorcendo in qualche modo la pianta si poteva ancora recuperare qualche paio di centimetri, che tuttavia non erano sufficienti a salvare veramente la situazione. Mi sono preso la briga di andare in cantiere due o tre volte al giorno, perché vi potevo imparare molte cose, vi incontravo ogni volta i committenti ed - anche perché era il mio unico cantiere. I paesani, poco affettuosamente, soprannominarono questo complesso abitativo "le stazioni della funivia", e non nascosero un certo astio nei confronti della sua forma desueta - e tutte quelle scale! Tuttavia, fra l'architetto ed i committenti si è andato sviluppando un senso di solidarietà: l'accordo era raggiunto, e si era stabilita una comprensione reciproca. Le case sono trasformabili. Il sottotetto si adatta a rifugio dei bambini, che ormai sono cresciuti, ma che bambini erano a quei tempi, per festeggiare in un rustico fra polli allo spiedo e dolciumi.

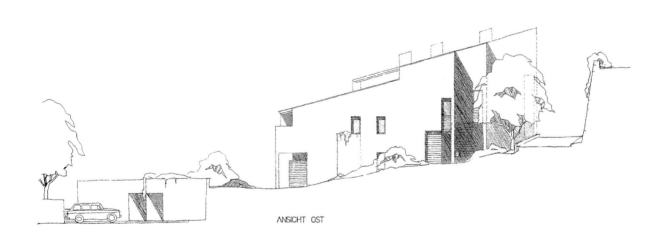

ANSICHT OST

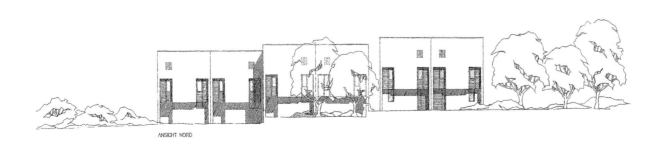

ANSICHT NORD

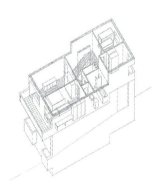
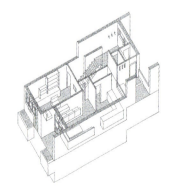
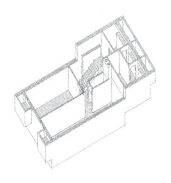

Wohnanlage Schluderns
Wie aus der Idee das Haus fürs Leben wird

Complesso abitativo Sluderno
Di come l'idea partorisca la casa per vivere

Meistens höre ich Aussagen wie: „Der tut ja eh, was er will!" Oder: „Wenn ich bezahlen muß, werde ich auch bestimmen dürfen!"

Das frustriert natürlich und läßt am Verhältnis zwischen dem Bauherrn und dem Architekten Zweifel aufkommen. Aber mit viel idealistischem Vorschuß gehe ich dann trotzdem an die Arbeit.

So wie bei meinem letzten großen Projekt des geförderten Wohnbaues: Wohnbaugenossenschaft Quair, im Büro Schluderns 9 und Schluderns 10 getauft. Irgendwann zwischen 1991 und 1992 hatte ich den Planungsauftrag sicher. Das ist dann ein Erfolgsgefühl, wie wenn man bei einem Wettkampf Erster wird. Vergessen sind dann Verhandlungen, Besprechungen, Erläuterungen, Preisverhandlungen und Vorstellungen. Bevor man dann aber die 19 Familien kennenlernt, die man noch nie gesehen hat, hat man zu Beginn schon ein mulmiges Gefühl.

In ersten Gesprächen und bei zaghaften Fragen lassen die neuen Bauherren auch ihre Gefühle erkennen. Sie stellen sich ihr neues Heim ähnlich wie die Häuser ihrer Freunde, Bekannten oder Nachbarn vor.

Sie denken alle in ihren bekannten Schablonen. Es gibt nämlich noch keine Kataloge in meinem Büro, aus denen man aussuchen kann. Und es wird auch nie welche geben.

Das ist die erste Enttäuschung meiner Bauherren, die jedoch verfliegt, sobald sie verstanden haben, daß ihr Wohnhaus individuell auf sie zugeschnitten sein wird. Natürlich werden dabei Zugeständnisse gemacht, weil das Grundstück von der Gemeindeverwaltung bereits zugewiesen ist, die anderen Mitglieder eben diese und jene sind, mit denen man das restliche Leben lang wird auskommen müssen und der Architekt eine Vorstellung der neuen Häuser bereits im Kopf hat.

Einige plagt sicher die Angst, daß der Architekt Spitaler kein Vordach machen wird oder daß der Balkon eben nicht wie der des Nachbarn aussehen wird, mit viel Passivholz und Herzformen.

Beim nächsten Termin stellte ich den Bauherren die beiden Projekte vor. Wie oft werden sie sich IHR Haus vorgestellt haben? Wie oft werden sie darüber nachgedacht haben, was ihr Architekt wohl „zusammenbringen" wird?

Es sind also zwei Projekte geworden, weil die Gemeinde dieser großen Wohnbaugenossenschaft zwei Baugrundstücke zugewiesen hat. Eines liegt in einer ebenen Wiese, das andere auf einem stark geneigten Hang. Der Durchführungsplan für diese Zone ist von der Landesregierung wegen Terminverfalls genehmigt worden, d.h. er wurde von keinem Kontrollorgan geprüft und ist ohne Änderungen, die wirklich notwendig gewesen wären, genehmigt worden.

Meine spontane Entscheidung, den Hof der Häuser nach Süden zu verlegen, überraschte meine Bauherren. Da die Zone noch nicht verbaut war, hätte die Baukommission neue Kriterien anwenden können. Aber die Gemeinde konnte sich dazu nicht durchringen. Für gelungene Architektur blieb dadurch in dieser Zone wenig Raum. Ausnahmen sind das Haus des Gemeindearztes vom Kollegen Dietl oder das Wohnhaus vom Kollegen Seidl.

Dazwischen genehmigte die Gemeinde Bauten wie aus dem üblichen Kitschkatalog. Dafür aber wurden Forderungen gestellt, die das Verhältnis zwischen den Bauherren und der Verwaltung belasteten.

Il più delle volte sento questa solfa: sì, é sempre lui a decidere che cosa devo fare, oppure ancora: se devo pagare, potrò decidere anch'io .....

Tuttavia, con anticipazione tutta ideale, mi accingo comunque al lavoro. Proprio come nel mio ultimo grande progetto dell'ambita abitazione. Cooperativa per l'edilizia abitativa Quair, burocraticamente denominata Sluderno 9 e Sluderno 10. Una volta, fra il 1991 e il 1992, mi fu assicurato un incarico relativo al progetto. E questo ti provoca una sensazione di successo, come quando arrivi primo ad un concorso. E ti scordi delle trattative, delle discussioni, dei chiarimenti, del tirare sui prezzi, dei concetti che t'eri fatto. E quando, come in questo caso, si tratta di concetti relativi a 19 famiglie, fin dall'inizio ti trovi di fronte a una sensazione di sbriciolamento.

Timide domande dei novelli committenti e colloqui con gli stessi sono anche testimonianze delle loro sensazioni. Avevano tutti un concetto della loro nuova casa che non differiva più di tanto da quello delle case dei loro amici, conoscenti o vicini.

Sono tutti ancorati ai modelli che conoscono. E nel mio studio non esistono cataloghi (né mai esisteranno) dai quali si possa scegliere roba del genere.

Ed è questa la prima delusione cui si trovano di fronte i committenti che, se hanno capito qualche cosa, vedono sfumare l'idea della casa che si sono ritagliati. Certamente, al contempo vengono fatte ammissioni, perché la particella fondiaria è già stata dichiarata disponibile dall'amministrazione comunale, e perché gli altri interessati sono - appunto - gli stessi con cui si dovrà condividere il resto della propria vita, e che è necessario un accordo, e che l'architetto ha già in mente un'idea della loro nuova casa.

Alcuni, certamente, soffrono all'idea che l'architetto Spitaler non abbia in programma un "patio" od un balcone, come quello previsto appunto per il vicino, con tanto legno superfluo o forma di cuore.

Allo scadere del termine stabilito, ho presentato i due progetti ai miei committenti. Chissà quante volte si saranno immaginati la LORO casa, chissà quante volte avranno almanaccato su che cosa mai il loro architetto avrebbe "combinato"! Sono infatti diventati due progetti, in quanto il Comune ha messo a disposizione di questa numerosa cooperativa due particelle edilizie. La prima si estende in un prato pianeggiante, la seconda lungo un pendío piuttosto scosceso. Il piano d'esecuzione relativo a questa zona, a causa della decorrenza dei termini, é stato autorizzato dalla giunta provinciale, senza cioè passare al vaglio di nessun organo di controllo, e l'autorizzazione è stata concessa senza dover ricorrere ad alcuna modifica di rilievo. La mia decisione spontanea di situare il cortile a sud delle case ha sorpreso i miei committenti, per il fatto che proprio il LORO architetto, che tutelava i LORO interessi, avesse assunto una posizione in aperto contrasto con il comune. Per il comune sarebbe stato necessario un tentativo di applicare nuovi criteri, in sede di commissione edilizia, in una zona non ancora edificata. Purtroppo non gli fu possibile imporsi. Nel frattempo fu concessa l'autorizzazione per costruzioni già comprese nel catalogo degli orrori. In compenso vennero avanzate pretese che valsero ad appesantire i rapporti tra architetti e committenti e l'amministrazione con inutili tensioni.

Der eine Gebäudeblock liegt in der ebenen Wiese an der Vinschger Straße und bietet Wohnungen für zehn Familien. Das Dach ist abgerundet und mit Blech gedeckt. Ein Baukörper ist abgewinkelt, der andere wurde kurvig abgeschnitten. Dadurch entstand eine ganz weiche Kontur in der Fassade, die angenehm wirkt. Über das Gerede der neidischen Nachbarn, die eh alles besser machen würden, wenn sie könnten, mußten die Bewohner sich hinwegzusetzen lernen. Die Bauten sollten gesehen werden und die Bewohner stolz machen, in diesen Häusern zu wohnen.

Die Autos wurden unter die Erde gepackt, damit es darüber Platz für die zahlreichen Kinder gab. Die Raumeinteilung wurde individuell gestaltet, d.h. kein Grundriß ist gleich einem anderen. Dazu habe ich mit den einzelnen Familien zahlreiche Gespräche geführt, bei denen auch die Kinder mit dabei waren.

Sie werden sich fragen, wie die Zuweisung der einzelnen Häuser erfolgt ist? Nein, es wurden keine Lose gezogen. Ich habe mit den Mitgliedern der Wohnbaugenossenschaft gesprochen, und jedem wurde in gemeinsamer Diskussion SEIN Haus zugeteilt.

Der zweite Wohnblock liegt am Hang erhielt ein ganz konventionelles Satteldach - mit Vordach! Von der Straße aus fahren die Bauherren in die Garagen und können von hier aus direkt ins Hausinnere gelangen. Über der Hanggarage liegen der Garten und der Spielplatz für die Kinder. Dazu mußte sehr viel Gelände ausgehoben werden. Das war sehr schwierig, weil der Untergrund zum Großteil aus Pickelfels besteht. Der Baubeginn allerdings wurde von seiten der Gemeinde und der staatlichen Elektrizitätsgesellschaft verzögert. Trotzdem, oder gerade deshalb, wurde der Zusammenhalt der Bauherren immer stärker.

Bei dieser Arbeit bin ich dem Leben der einzelnen Hausbewohner sehr nahe gekommen. Dieser Auftrag war für mich befriedigender und viel konkreter formuliert als ein öffentlicher Auftrag, der zwar ein höheres Honorar einbringt, aber keinen realen Bauherren hat.

Das Gefühl, zusammen mit so vielen unterschiedlich denkenden und fühlenden Menschen etwas Bleibendes geschaffen zu haben, bleibt im Kopf. Auch in dem eines Architekten.

Il primo progetto, interessante dieci famiglie, si riferiva al prato pianeggiante. Questo complesso edilizio si sviluppa lungo via Venosta. Bisognerebbe vederlo, e far si che chi vi risiede sia orgoglioso di abitarvi. Per quel che riguarda le chiacchiere dei vicini invidiosi, che sarebbero in grado di far tutto meglio se solo potessero, dovrebbero imparare a fregarsene. Il tetto è arrotondato e coperto di lamiera. Il primo complesso è a spigoli, il secondo a pianta curvilinea. Ne è nata in tal modo una facciata dal profilo assai morbido, che ci offre un aspetto piacevole.

L'autorimessa è sotterranea, per lasciare uno spazio per i giochi dei numerosi bambini della cooperativa.

La suddivisione del complesso risulta del tutto individuale, nel senso che ogni pianta differisce dalle altre. Ogni discussione è stata affrontata famiglia per famiglia, anche alla presenza dei bambini.

A questo punto è lecita una domanda: come si è proceduto all'assegnazione? Non c'è da crederci: non si è dovuti ricorrere all'estrazione della pagliuzza più lunga o più corta. È bastato parlare con ogni socio, che si è vista assegnare la SUA casa. Senza litigi, discussioni od attriti.

Il secondo blocco, situato sul pendio, presenta un convenzionalissimo tetto a sella, con tetto sporgente anteriore.

Per me questo incarico ha avuto un'importanza di tipo esistenziale. Come architetto, si è formulata per me assai più concretamente che non un incarico pubblico, senza committenti reali, ma con un onorario più alto.

La sensazione di aver prodotto qualche cosa di duraturo insieme con tante persone, ciascuna con modi di pensare e di sentire diversi, ti resta fissa in testa. Persino nella testa d'un architetto.

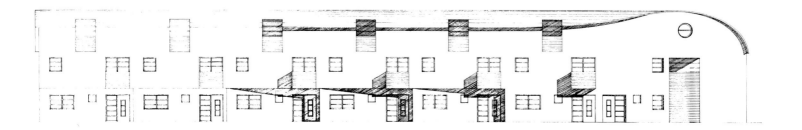

Freizeitanlage Trattla Martell

Complesso tempo libero Trattla Martello

Die ersten Entwürfe für Trattla machte ich nach ausgiebigen Gesprächen mit dem damaligen Bürgermeister Erwin Altstätter. Dem schwebte in Trattla eine Freizeitzone vor, die das gesamte Becken dieser Lokalität einnehmen sollte. Am 24. August 1987 ereignete sich die Unwetterkatastrophe in Hintermartell. Die Schleuse des Stausees konnte nicht mehr geschlossen werden, und so schwemmte das Wasser auch das vorgesehene Gebäude für die Freizeiteinrichtung weg. Wer die Marteller kennt, weiß, daß sie nie aufgeben. So auch der Bürgermeister: "Und jetzt erst Recht!" Der alte Tennisplatz wurde ebenfalls weggeschwemmt. Dadurch konnte ein neues Planungskonzept gestartet werden:
Es waren vorgesehen:
- ein Minigolfplatz,
- zwei Tennisplätze mit Tribüne,
- der bestehende Wald mit Steingand sollte beibehalten werden,
- ein Musikpavillion,
- ein Gebäude für Grill- und Getränkeausgabe,
- ein Kinderspielplatz mit einem Rodel- und Schihügel,
- ein Eislaufplatz
- und schlußendlich der Hauptbau.
Dieser ist ein zweimal abgedrehter Baukörper, der folgende Räumlichkeiten und Nutzungen aufnimmt:
- die Umkleide für Tennisplätze und Eislaufplatz,
- den Bar- und Restaurantbereich,
- die automatische Doppelkegelbahn,
- die Kegelbahn im Freien,
- die Kletterhalle (4-geschossig),
- die Umkleide für das Schwimmbad,
- das Schwimmbad selbst
- und schließlich das "Haus der Natur" für den Stilfserjoch Nationalpark. Für mich als Architekt stellte dies ein riesiges Raumprogramm dar. In all den Jahren wurden einzelne Bauabschnitte realisiert, nach dem Motto "Steter Tropfen höhlt den Stein". Da meine Mutter aus dem Martelltal stammt, hatte ich sehr früh Kontakte zu dieser Gegend. Ich verbrachte bis zum 18. Lebensjahr meine Ferien auf der Schutzhütte Borromeo bei meinem Onkel, der Bergführer ist.
Ich erinnere mich immer wieder an die Mader unterhalb der Staumauer. Dieses verwitterte Holz und die Wiesen hatten es mir angetan. Wahrscheinlich habe ich Trattla deshalb in Holz geplant und errichtet. Und so langsam wird das Holz grau. Die Schindeldächer glänzen bereits silbrig, die Wandverkleidungen beginnen sich ebenfalls zu verfärben.
Ein Erfolgserlebnis ist für mich die Tatsache, daß die Einrichtung von der einheimischen Bevölkerung angenommen wird. Es sind auch immer Gäste dort. Wahrscheinlich weil es so gemütlich ist, trotz meines Bauwerks.

Ho realizzato i primi progetti per Trattla dopo tutta una serie di colloqui con Erwin Altstätter, a quell'epoca sindaco. Aveva in mente la realizzazione di un'area da destinare al tempo libero, a Trattla, che avrebbe dovuto servire tutto il comprensorio. Il 24 agosto 1987 una catastrofe metereologica si abbattè sull'alta val Martello. Non fu più possibile chiudere la paratoia del lago artificiale, tanto che la piena spazzò via anche l'edificio previsto per l'impianto ludico. Ma gli abitanti della val Martello, come sa chi li conosce, sono ostinati. E, al pari di loro, il loro sindaco: "Ah cosi? La vedremo!" Anche il vecchio campo da tennis era stato spazzato via. Per questo si potè partire da una nuova concezione progettuale. A cominciare dal confine a valle del terreno erano previsti:
- una pista da minigolf
- due campi da tennis con tribuna
- la conservazione del bosco con la sua ganda pietrosa
- un padiglione per concerti
- un chiosco da friggitoria e mescita
- un parco giochi per bambini con pista da slittino e da sci
- un campo di pattinaggio su ghiaccio
- infine - l'edificio principale.
Quest'ultimo si articola in un corpo architettonico bisinuato, composto dei seguenti vani e destinato alle seguenti esigenze:
- spogliatoio per i campi da tennis e da pattinaggio
- locale bar e ristorazione
- doppia corsia di bowling
- bocciodromo esterno
- palestra di roccia a quattro pareti
- spogliatoio per la piscina
- piscina
- infine la "casa della natura" per il parco nazionale dello Stelvio.
Come architetto, per me questo veniva a significare un programma di spazio enorme. Comunque, nel corso degli anni fu possibile la realizzazione di alcune parti del complesso, sempre con lo stesso motto fisso in testa: "gutta cavat lapidem". Mia madre è originaria della val Martello, e i miei primi contatti con la zona risalgono pertanto all'infanzia. Fino a diciott'anni trascorrevo le mie ferie al rifugio Borromeo, diretto da mio zio. Ho ancor sempre nella memoria i prati a valle della diga. È qui che la legna s'andava disgregando e i prati, appunto, me l'avevano trasmesso. Ed è per questo, forse, che Trattla è stata progettata e realizzata in legno. E intanto, lentamente, il legno si fa grigio. I tetti a scandole presentano già una luminosità argentata, ed anche i rivestimenti delle pareti cominciano a cambiare colore. Per me è un'esperienza positiva il fatto che l'impianto sia accettato dalla popolazione. Né mancano mai gli ospiti. Forse perché è così confortevole, nonostante il mio complesso edilizio.

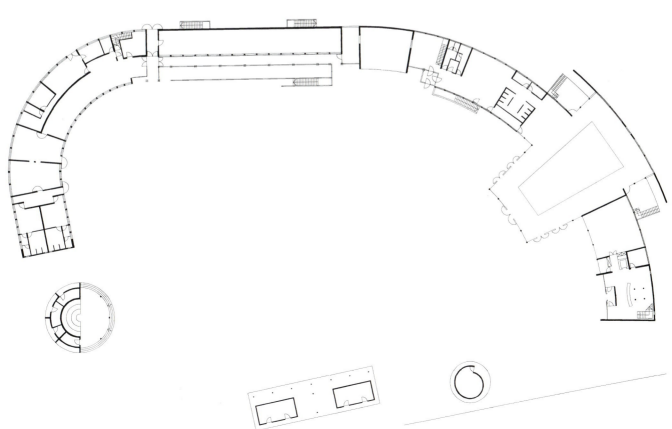

Zwei Klöster

Due conventi

Ich erinnere mich noch, daß ich im Jahre 1984 das erste Mal bewußt das Kloster Müstair besuchte. Ich war in Begleitung des Denkmalpflegers von Graubünden, Dr. Hans Rutishauser. Obwohl die karolingische Klosteranlage nur zwei Kilometer hinter der Grenze zwischen Italien und der Schweiz liegt, war mir ihrer Wichtigkeit nie bewußt geworden.

Einige Jahre später erhielt ich den Auftrag, die Sanierung als planender Architekt zu übernehmen. In der Schweiz ist das Denkmalschutzgesetz nicht so streng wie in Italien. Obwohl die Klosteranlage 1982 von der UNESCO zum Weltkulturgut erklärt wurde, besteht lediglich das Mitspracherecht des Kantonalen Denkmalpflegers Dr. Hans Rutishauser.

Wegen der historischen Bedeutung und aus wissenschaftlichem Interesse waren natürlich auch andere Experten mit am Werk. Fachleute aus verschiedenen Bereichen übernahmen einzelne Teilaufgaben. Allein bei der Restaurierung der Fresken wirkten fünf weitere Experten mit. Ähnlich war es auch bei der Bauausführung. Die Zielsetzung war rasch formuliert, doch in der Planungsphase erwies sich die Mitsprache der Experten als sehr gewichtig, zum Teil auch als umständlich. Es gibt in Müstair für dieses Objekt keine Baugenehmigungspflicht, solange sich die Planungsarbeiten auf die Klosteranlagen beschränken. Im Fall des Neubaus der Remise, die außerhalb des Klostergebäudes geplant war, mußte bei der Gemeinde eine "Eingabe" gemacht werden, die unserer "Einreichung" entspricht, allerdings weniger umständlich ist, da letztlich der Gemeindepräsident über die Genehmigung entscheidet. Das obligate Lattengerüst wurde aufgestellt und ermöglichte den Nachbarn, sich das Gebäude schon im voraus vorzustellen. Prompt folgten Einsprüche, die allerdings geklärt werden konnten.

Weil Graubünden von der übrigen Schweiz relativ abgeschieden liegt, ist die Bauausführung wesentlich schleppender und schwerfälliger als in Südtirol. Dies ist auch verständlich, da es vor Ort nur wenige Handwerksbetriebe gibt. Diese Tatsache beschränkt die Effizienz der Bauausführung, zudem kann jährlich nur ein bestimmter Betrag verbaut werden. Natürlich haben die Handwerksbetriebe aufgrund dieser Wettbewerbssituation noch einigen technischen Nachholbedarf. Obwohl sonst die eidgenössische Genauigkeit mit den Uhren verglichen wird, kann man diesen Vergleich auf die Arbeits- und Baustellensicherheit nicht übertragen. Es werden zum Teil noch Holzgerüste verwendet, bei denen die Stützen ins Erdreich eingegraben und die Arbeitsbretter mit Stahlbügeln befestigt werden. Die "Baustellenkultur" ist hinsichtlich der Ordnung jedoch wesentlich besser als in Südtirol, da hier wahrscheinlich die erwähnte Gründlichkeit zum Ausdruck kommt. In Südtirol habe ich noch nie so saubere und aufgeräumte Baustellen gesehen. Vielleicht erklärt sich dadurch die teure Bauausführung in der Schweiz, obwohl diese auch durch die preisintensive Lebenshaltung erklärt werden kann.

Die Architektenhonorare entsprechen in etwa denen in Italien, wobei die Stundensätze gestaffelt werden und für leitende Architekten 107 bis 185 SFr. erreichen. Hierzu ist zu berichten, daß in der Schweiz der Titel des Architekten überhaupt nicht geschützt ist. Jeder, der eine Zeichnung erstellt, schimpft sich auch "Architekt". Die Ausbildung an einer Hochschule erkennt man jedoch an der Berufsbezeichnung "Dipl.Ing. ETH", "Fach.Ing." etc. Der SIA, der Schweizerische Ingenieur- und Architekten-

Ricordo ancora che nel 1984 visitai per la prima volta - in modo consapevole - il monastero di Müstair. Ero in compagnia del conservatore dei monumenti dei Grigioni, dott. Hans Rutishauser. Sebbene il complesso monastico carolingio si trovi soltanto a due chilometri dalla frontiera italoelvetica, non aveva mai avuto coscienza della sua importanza.

Alcuni anni dopo mi venne affidato l'incarico di intraprendere il risanamento come architetto progettista. In Svizzera la normativa sulla tutela dei monumenti non è rigida come in Italia. Sebbene l'UNESCO avesse dichiarato il complesso monastico patrimonio culturale mondiale, esiste unicamente il diritto interlocutorio del conservatore cantonale dott. Hans Rutishauser.

Naturalmente, in considerazione del significato storico e dell'interesse scientifico, collaborano all'attività anche altri esperti. Specialisti di vari settori si dedicano a compiti particolari. Soltanto per il restauro degli affreschi hanno collaborato altri cinque esperti. Analogamente si procedette nell'esecuzione dei lavori di costruzione.

Rapida fu la formulazione delle finalità, tuttavia, in fase progettuale, interloquire con gli esperti si dimostrò molto pesante, in parte anche prolisso. In questo ambito, a Müstair non esiste l'obbligo di un permesso di costruzione, fintanto che i lavori di progettazione si limitino agli impianti monastici. Nel caso della nuova costruzione della rimessa, che era prevista all'esterno del complesso monastico, si rese necessaria la presentazione al Comune di una "petizione" - l'equivalente della nostra domanda di concessione, ma comunque meno circostanziata in quanto l'ultima parola relativa all'autorizzazione spetta al presidente del Comune. Si procedette al montaggio della struttura di tavole obbligatoria, rendendo così possibile ai vicini immaginarsi già in anticipo la costruzione. Immediate arrivarono le obiezioni, che tuttavia poterono essere chiarite.

Dal momento che i Grigioni si trovano in posizione relativamente separata rispetto al resto della Svizzera, l'esecuzione dei lavori di costruzione si presenta notevolmente più lenta e tardiva che non in Alto Adige. E questo si può capire, dal momento che in loco le imprese artigianali sono poco numerose. La realtà viene ad inficiare l'efficienza esecutiva, e inoltre è consentita l'esecuzione, nell'arco di un anno, soltanto di una determinata parte. Naturalmente le imprese artigianali, a causa di questa situazione concorrenziale, hanno ancora alcune necessità di recupero da un punto di vista tecnico.

Sebbene in altri campi la precisione svizzera venga paragonata a quella degli orologi, la similitudine non può venire estesa anche al lavoro edile e alla sicurezza dei cantieri. Si fa ancora parziale uso di ponteggi di legno, dove i sostegni si presentano interrati e le tavole sono reciprocamente assicurate per mezzo di graffe d'acciaio.

Ma, da un punto di vista dell'ordine, la "cultura cantieristica" si presenta notevolmente migliore che non in Alto Adige, in quanto qui si manifesta la summenzionata precisione. In Alto Adige non mi è mai successo di vedere un cantiere così pulito ed ordinato. Forse così si spiegano i costi d'esecuzione elevati in territorio elvetico, sebbene ci si possa riferire anche al tenore di vita più alto.

Gli onorari degli architetti sono più o meno equivalenti a quelli dell'Italia, e i tassi orari vengono scaglionati, raggiungendo l'ammontare, per

verein, ist ein Gremium, das Normen und Tarifordnungen für den akademischen Architektentitel festlegt. Die Honorargestaltung des Architekten bei denkmalgeschützten Objekten ist in der Schweiz etwas differenzierter als in Italien. Es gibt Korrekturfaktoren, die wesentlich besser die alte Bausubstanz berücksichtigen und auch zwischen einem denkmalgeschützten und einem bauhistorisch interessanten Objekt unterscheiden, im Unterschied zu Südtirol, wo wesentlich oberflächlicher gearbeitet wird.
Diese Erfahrung hat mich mein aktuelles Projekt "Kapuzinerkloster Bozen" gelehrt. Obwohl zum Zeitpunkt der Planung bauhistorische Untersuchungsergebnisse von Nicolò Rasmo und andere Archäologie- und Bauuntersuchungen vorlagen, waren diese noch nicht Gesprächsgegenstand. Sie wurden erst in der Bauphase aktuell und führten zu entsprechenden Problemen wie Baueinstellung, Projektänderungen etc. Trotz dieser Umstände wurde weiterhin kein Konzept für die archäologischen Grabungen erstellt. Mittlerweile sind die Grabungen im Gebäudeinneren abgeschlossen. Neue Fragen werden wieder im Zusammenhang mit der Errichtung des Klostergartens auftreten.

Die Klosteranlage in Müstair stammt aus der karolingischen Zeit und wurde um 800 n. Chr. gegründet. Seither ist sie ständig genutzt und bewohnt. Die einzelnen Bauphasen sind deutlich sichtbar, interessant sind die Fresken in der Kirche, karolingische Fresken sind von romanischen überdeckt. Gegenwärtig nutzen die zwölf noch anwesenden Klosterfrauen die Anlage als Kloster, daneben gibt es auch die Nutzung als landwirtschaftlicher Betrieb. Zu diesem Zweck wurde außerhalb der Klosteranlage eine Remise geschaffen. Hier werden landwirtschaftliche Geräte abgestellt und die Kartoffeln gelagert. Ich wollte einen "Hof" schaffen, so wie er in der Klosteranlage öfters vorkommt: Nordhof, Südhof, landwirtschaftlicher Hof etc. Durch die Orientierung an der Straßenkante konnte ich zusätzlich die Geländemodulation nutzen. Man fährt von der Straße aus ebenerdig in das obere Geschoß und ebenso ebenerdig von der Kälberwiese aus in das untere Geschoß. Der relativ langgestreckte Neubau steht mit der Klosteranlage im Gleichgewicht. Er sollte sich dabei allerdings unterordnen, was durch die eher ungewohnte Dachform gelingt. Für mich war dabei die Klosteranlage als "Fundgrube" für Ideen sehr einträglich. Die historische Dachlandschaft ist ebenso unkonventionell wie die des neuen Projektes. Zudem schafft das neue Grabendach die Möglichkeit, die funktionellen Einfahrtshöhen zu berücksichtigen und gleichzeitig durch den umgekehrten Dachgiebel eine geringe Bauhöhe zu erreichen. Dies waren auch die Hauptargumente, weshalb das Denkmalamt, die Experten und die Baukommission des Ortes dieses Projekt genehmigt haben. Die Materialien des Gebäudes beschränken sich auf Holz, Blech und verputzte Mauerflächen bzw. Betonelemente. Das Lärchenholz hat mittlerweile die Patina einer traditionellen Scheune, das Uginox-Blechdach hat seinen übertriebenen Glanz verloren, und auch das helle Weiß des Außenputzes ist abgestumpft. So hat auch dieses Gebäude in der Ausdruckskraft Ähnlichkeit mit der Klosteranlage bekommen.
Die Klosteranlage in Bozen hingegen ist kunsthistorisch weniger wertvoll, jedoch in keiner Weise uninteressanter. Im Jahre 1599 wurde das landesfürstliche Palais von den Kapuziner-Patres in ein Kloster umgebaut,

architetti con funzioni dirigenziali, cifre che oscillano fra i 107 e i 185 franchi svizzeri. C'è inoltre da aggiungere che in Svizzera il titolo di architetto non è tutelato per niente. Chiunque presenti un disegno si professa "architetto". La formazione accademica viene tuttavia riconosciuta nella designazione professionale "Dipl. Ing. ETH" od ancora "Perito." ecc. È il SIA l'ordine che fissa le norme e le tabelle tariffarie per gli architetti forniti di titolo. La struttura tariffaria degli architetti, nell'ambito di monumenti sottoposti a tutela, in Svizzera presenta qualche differenza rispetto all'Italia. Esistono fattori correzionali di differenziazione, che privilegiano vistosamente la sostanza architettonica di strutture antiche, ponendo differenze anche tra un oggetto sottoposto a tutela ed uno interessante da un punto di vista storicamente architettonico. E tutto ciò differisce da quanto avviene in Alto Adige dove, con ogni evidenza, si lavora in modo più superficiale.
E questa esperienza mi ha reso edotto per quanto riguarda il mio attuale progetto relativo al "convento dei Cappuccini" di Bolzano. Sebbene al momento del progetto esistessero risultati di ricerche storico-architettoniche effettuate da Nicolò Rasmo, nonché indagini archeologiche ed architettoniche, questo materiale non costituiva ancora oggetto di discussione, e diventarono attuali soltanto in fase d'esecuzione dei lavori, portando relativi problemi, come la disposizione dei lavori stessi, le modifiche del progetto ecc. Nonostante l'esistenza di queste circostanze, in seguito non venne elaborato un progetto per gli scavi archeologici. Nel frattempo gli scavi sono chiusi all'interno dell'edificio. Nuovi problemi si presenteranno al momento della sistemazione del giardino del convento.

Il complesso monastico di Müstair risale all'epoca carolingia, e fu fondato intorno all' 800 d.C. Da allora è stato continuativamente utilizzato e abitato. Le singole fasi di costruzione sono chiaramente visibili, e gli affreschi della chiesa sono molto interessanti. Si tratta di affreschi carolingi coperti da affreschi romanici. Attualmente le dodici monache ancora presenti utilizzano il complesso come monastero, ma anche come azienda agricola. A questo scopo, all'esterno del complesso è stata realizzata una rimessa, in cui vengono custodite le attrezzature e conservate le patate. Era mia intenzione realizzare una "fattoria", cosa abbastanza frequente nelle strutture monastiche: edificio a nord, edificio a sud, edificio agricolo ecc. Grazie all'orientamento al bordo della strada, potevo approfittare inoltre della conformazione del terreno. Dalla strada si raggiunge, a livello del suolo, sia il piano terreno che quella superiore e, sempre a livello del suolo, dal recinto dei vitelli si accede al piano di sotto.
La nuova costruzione, di forma relativamente allungata, si equilibra con il complesso monastico. È chiaro che deve comunque giocare un ruolo subordinato, e ciò è reso possibile dalla piuttosto inconsueta forma del tetto. Inoltre, per me, il complesso monastico si è rivelato una vera e propria "fonte di scoperte" di nuove idee.
Altrettanto non convenzionale si presenta l'aspetto storico del tetto, proprio come quello del nuovo progetto. Allo scopo, il nuovo tetto concavo permette sia di non perdere di vista i volumi che possano consentire la funzionalità d'accesso che, contemporaneamente ottenere un'altezza più modesta, grazie alla disposizione rovesciata del tetto. E questi, del resto,

die einzelnen Baustufen können bis heute verfolgt werden. Von Anfang an versuchte ich diesen Tatbestand auch in die Planung aufzunehmen: die alte Klosteranlage sollte bestehen bleiben, die zusätzlich geforderten Räumlichkeiten sollten außerhalb der Klosteranlage errichtet werden. Dazu legte ich an die Ostseite des Gebäudes einen Erschließungsgang, der sich trichterförmig nach Süden hin schließt und als Bindeglied zwischen Alt und Neu wirken soll. Beim Durchschreiten dieses Ganges erlebt man nun mittelalterliche Putzstrukturen entlang der Fenster - gleichzeitig aber auch neuzeitliche Fassadengestaltung mit adäquaten Fensteröffnungen und Fensterelementen. Die gewählte Fassadenfarbe berücksichtigt den Baubestand und gleicht Neues an Altes an. Mit Kalkputz wurden die neuen Bauteile entsprechend ihrer Funktion gestaltet. Mauerscheibe und Gang sind weiß getüncht, die Dachteile in Uginox erstellt. So reflektiert die Wandscheibe der Ostfassade das Morgenlicht für die Nachbargebäude.

Das Klassengebäude wird mit grauem Sandstein verkleidet. Der Klostergarten wird in einer nächsten Baustufe realisiert und so angelegt, daß er Grundelemente des Barockgartens in Wegführung und Weganordnung aufnimmt, jedoch in der Gestaltung die Gegenwart berücksichtigt.

Während der Bauausführung beauftragte der Bauherr kurzerhand fremde Planer mit der Gestaltung einiger Innenräume.

sono stati gli argomenti principali di fronte ai quali l'ufficio alla tutela dei monumenti, gli esperti e la locale commissione edilizia hanno approvato questo progetto. I materiali da costruzione si limitano al legno, alla lamiera, alle pareti ad intonaco, e ad elementi in cemento. Il legno di larice presenta intanto la patina tipica dei fienili tradizionali, il tetto in lamiera Uginox ha perso la sua eccessiva lucentezza, ed anche il chiarore del bianco degli intonaci esterni si è attenuato. Così anche questo edificio è andato acquisendo, per quanto riguarda la potenza espressiva, delle analogie con il complesso monastico.

Il complesso monastico di Bolzano, invece, è meno importante da un punto di vista storico-artistico, ma in nessun caso meno interessante. Nel 1599, i padri cappuccini trasformarono in convento il castello principesco, e le singole fasi di costruzione si possono avvertire ancora oggi.

Fin dall'inizio ho cercato d'inserire anche nel progetto questa realtà: la vecchia struttura conventuale andava conservata, ed i volumi aggiuntivi andavano realizzati all'esterno. Oltre a ciò realizzai un passaggio nel lato orientale dell'edificio, che si va a chiudere in modo imbutiforme in direzione sud, con funzione unificante tra antico e moderno. Attraversando questo corridoio, attualmente si notano strutture ad intonaco d'epoca medioevale in corrispondenza delle finestre ma, contemporaneamente, anche strutturazioni più recenti della facciata, con adeguate aperture di finestre ed elementi finestrali. Il colore prescelto per la facciata tiene in dovuta considerazione le condizioni dell'edificio, equiparando il nuovo ed il vecchio. Rispettivamente alla loro funzione, le nuove parti edificate sono state trattate con intonaco a calce. Pareti e corridoio sono dipinti di bianco, e le opere di copertura sono realizzate in Uginox. In tal modo la parete della facciata orientale riflette la luce del mattino in direzione delle case vicine. L'edificio con le classi è rivestito di arenaria grigia. Il giardino del convento verrà realizzato in una fase successiva, sistemato in modo tale che gli consentano di conservare gli elementi fondamentali del giardino barocco nella distribuzione e disposizione dei viali, pur non perdendo di vista il presente, quanto a struttura generale.

Durante l'esecuzione il committente ha incaricato inaspettatamente progettisti estranei per parti dell'arredamento.

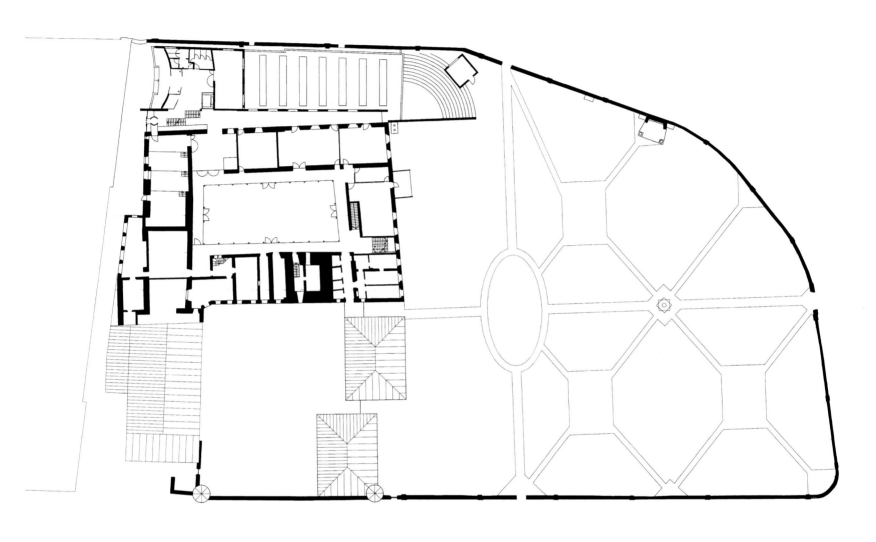

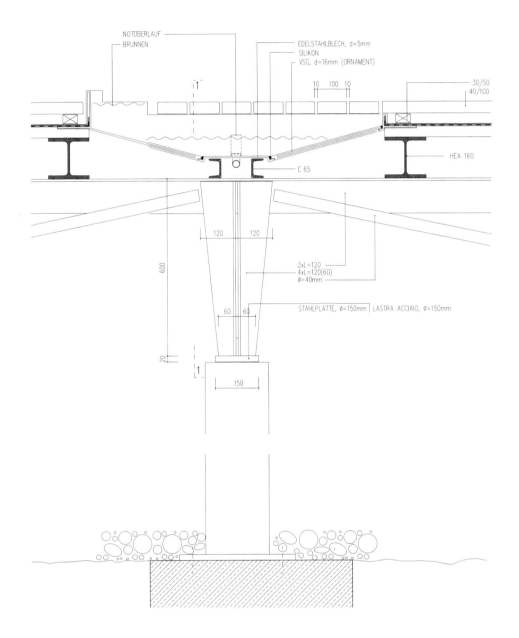

Kloster St. Johann Müstair

So Mitte der achtziger Jahren besuchte ich das erste Mal bewußt das Kloster St. Johann, das sich gleich hinter der italienischen Grenze befindet – und zwar im Zusammenhang mit den Austauschbesuchen zwischen Südtiroler und Graunbündner Denkmalpflegern. Damals fiel mir die Akrebie auf, mit der die Kollegen in der Schweiz die Bauaufnahmen abwickelten. Ich frage mich damals schon, wie diese im Verhältnis zur Bauausführung stehen. 1992, im April, erhielt ich einen Anruf vom Denkmalpfleger Dr. Rutishauser aus Chur: ich möchte mich, falls ich bereit wäre, für ein Vorstellungsgespräch zur Verfügung stellen.
Ein vorausgehendes Gespräch unter vier Augen führte mich in die Problematik des Klosters St. Johann ein. Nach meinem Referat wurde ich mit den Planungsaufträgen bedacht: Kindergarten und Winterkapelle. Diese Arbeiten konnten relativ zügig geplant und durchgeführt werden. Natürlich liefen aufgrund der nichteingespielten Teamarbeit mit dem Bauleiter Burkhardt einige Sachen umständlicher als gewohnt. Am Ende waren Bauherr, Handwerker und auch ich als Architekt mit dem Resultat sehr zufrieden.

Aufgrund der knappen Bauzeit versprach ich den Handwerkern ein Firstessen. Ohne Hintergedanken veranstaltete ich das beim Mala Peppi in Laatsch in Südtirol. Die Einladungen waren verschickt. Daraufhin kam die Retourkutsche vom Tourismusverein Müstair, der die Handwerker aufforderte, nicht zu erscheinen, weil die Steuergelder ins Ausland fließen würden. Trotzdem kamen immerhin 78 Leute, die sehr lustig mit mir feierten. Nach Kindergarten und Winterkapelle wurden der Kirchweg, der Friedhofsschopf und die Remise realisiert.
Die Remise ist ein Gebäude außerhalb der Klosteranlage, in den Kälberwiesen gelegen. Beim Entwurf versuchte ich, die Einfahrtsituation zum Kloster herauszuarbeiten. Die Gebäudespitze weist auf die Nordwestecke des Klostergartens und engt hier den Straßenraum ein. Das Gebäude wickelt sich linear entlang einer Dorfstraße ab.
Die Form des Baukörpers ist, natürlich wie sämtliche Vorschläge, auf Kritik gestoßen: Zum einen, weil der Baukörper ein ungewohntes Grabendach aufgesetzt bekam, zum anderen, weil der Baukörper, sei es in Material als auch in Formsprache, sehr schlicht gewählt wurde. Das mit dem Bewußtsein, daß in der Nähe der Klosteranlage nur ein schlichtes Gebäude bestehen kann.
Das zweite Firstessen war, aufgrund der Erfahrung mit dem ersten, dann auch im Gebäude selbst. Der Landeskonservator und ich organisierten ein Spaghettiessen, die Klosterfrauen halfen als Bedienung mit. So konnte ich 80 Leute verköstigen, ohne Kritik und beleidigte Gesichter.
Das Projekt St. Johann beinhaltet zur Zeit insgesamt 28 Projekte.
Das intensivste stellt der Plantaturm dar. Durch den Einsturz des Turmes bei der Fürstenburg aufgeschreckt, wurden am Plantaturm statische Untersuchungen vorgenommen. Dabei stellte sich heraus, daß im Nordosteck bedrohliche Risse entstanden sind. Die umständlichere "Schweizer Lösung" wurde durch eine viel flexiblere und preisgünstigere "italienische Lösung" ersetzt. Ein Gerüstkorsett schnürte den abrutschenden Bauteil sicher ein.
Nachdem die Zuganker gebohrt waren, konnte das Gerüst selber als Ar-

Convento San Giovanni Müstair

Verso la metà degli anni 80, per la prima volta, visitai di proposito il convento di San Giovanni, che si trova proprio a ridosso del confine italiano - precisamente in occasione dello scambio di visite degli addetti alla tutela dei monumenti dell'Alto Adige e della Federazione dei Grigioni. Quella volta ero rimasto colpito dalla meticolosità con cui i colleghi svizzeri si dedicavano al rilievo. Già allora mi domandavo che relazione intercorresse tra questa fase e le procedure successive.
Nell'aprile del 1992 mi telefonò l'intendente alla tutela dei monumenti di Chur, dott. Rutishauser: se fossi stato d'accordo, avrei dovuto dare la mia disponibilità per un colloquio preliminare. Un primo colloquio a quattr'occhi mi introdusse nella problematica del convento di San Giovanni. Dopo la mia relazione si chiarirono i miei incarichi di progettazione: asilo infantile e cappella. Entrambi i lavori potevano essere progettati e realizzati in modo relativamente scorrevole. Naturalmente, a causa della non prevista collaborazione con il direttore dei lavori sul posto Burkhardt, alcune cose si rivelavano più complicate del solito. Alla fine, tuttavia, sia il direttore che le maestranze che io stesso, in veste di architetto, eravamo molto soddisfatti del risultato.

In considerazione dell'esiguità dei tempi di costruzione, avevo promesso un banchetto alle maestranze. Senza alcun'ombra di secondi fini, l'avevo organizzato a Laudes, in Alto Adige, presso Mala Peppi. Gli inviti erano già partiti. In seguito giunse la risposta dell'azienda turismo di Müstair, che sollecitava le maestranze a disertare la festa, perché i soldi delle tasse sarebbero finiti all'estero. Comunque vennero pur sempre 78 persone, che festeggiarono assai piacevolmente insieme con me.
Dopo la scuola materna e la cappella furono realizzate l'accesso alla chiesa, un capannone per il cimitero, nonché la rimessa.
La rimessa è un edificio esterno al complesso conventuale, situato nel recinto dei vitelli. In sede progettuale cercai di elaborare la situazione d'accesso al convento. Lo spigolo dell'edificio si protende verso l'angolo nord-occidentale del giardino del convento, dove, viene ad assottigliare la sede stradale. La costruzione si sviluppa parallelamente al percorso d'una strada campestre. La forma del complesso, naturalmente, come del resto l'intera pianificazione, non è stata esente da critiche: da una parte perché l'edificio era sormontato da un insolito tetto concavo, dall'altra perché, sia per quanto riguardava il materiale, sia per il linguaggio formale, avevo optato per la massima semplicità. Questo in quanto consapevole che, nelle vicinanze del complesso conventuale deve ergersi soltanto un edificio semplice.
Il secondo banchetto, dopo l'esperienza di quello precedente, ebbe luogo nell'edificio stesso. Il conservatore cantonale ed io organizzammo una spaghettata, e le suore diedero una mano a servire. E così potei accontentare 80 persone, senza critiche né musi lunghi.
La progettazione di San Giovanni comprende complessivamente 28 progetti. Il più sofferto è quello relativo alla torre Planta.
Per lo spavento provocato dal crollo della torre del castello Fürstenburg, in questa occasione vennero intrapresi dei controlli statici, in seguito ai quali ci si accorse che, nell'angolo nord-orientale, si erano aperte delle minacciose crepe. La più meticolosa "soluzione elvetica" venne sostitui-

beitsbühne für die Restaurierung der Fassaden verwendet werden.

In diesem Zusammenhang wurde wieder einmal das Thema des Museums in der Klosteranlage ausgegraben. Nach Jahren der Beschäftigung mit dem Objekt war mir klar, daß verschiedene Tätigkeiten aus der Klostergemeinschaft ausgelagert werden mußten. Gleichzeitig sollten diese Tätigkeiten auch gewinnbringend genutzt werden. So war es logisch, die karolingische Kirche mit dem Museum zu verbinden. Die Semantik des Kirchturmes und des Kirchenbaues identifiziert viel besser die Klosteranlage als jedes Hinweisschild.

Das Projekt Museum Plantaturm wurde mit sehr vielen Varianten untermauert, schlußendlich wurde eine etwas reduzierte Lösung gewählt, die die Klausur der Klosterfrauen weiterhin gewährleistet.

Das professionell geführte Museum soll der Klostergemeinschaft Rendite abwerfen und gleichzeitig den Besuchern einen Eindruck der Klosteranlage vermitteln.

ta dalla mia più flessibile e più conveniente "soluzione all'italiana". La parte rovinata dell'edificio veniva protetta da un'ingabbiatura. Dopo la trivellazione dei tiranti, la gabbia stessa poté essere utilizzata come impalcatura per il restauro delle facciate. In questo contesto venne un'altra volta riesumato il tema del museo nel complesso conventuale.

Dopo anni di consuetudine con il problema, ormai per me era chiaro che era necessario tutelare svariate attività della comunità conventuale.

Al contempo, queste attività dovevano essere utilizzate nel modo più vantaggioso. Era pertanto logica una connessione fra la chiesa carolingia e il museo. La semantica del campanile e della chiesa stessa vale a caratterizzare il complesso conventuale assai meglio che non un cartello indicatore. Il progetto del museo "Plantaturm" andò a consolidarsi attraverso tutta una serie di varianti finché, alla fine, fu scelta la mia proposta lievemente ridotta, che garantisse anche in futuro la clausura delle suore.

Il museo, condotto a gestione professionale, deve garantire una rendita alla comunità del convento, oltre a trasmettere ai visitatori un'impressione circa il complesso edilizio stesso.

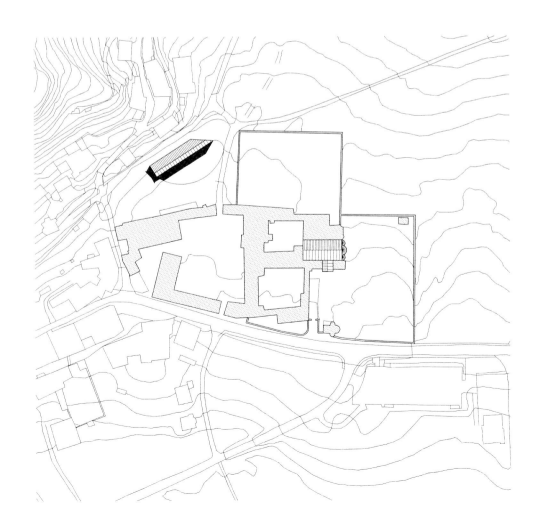

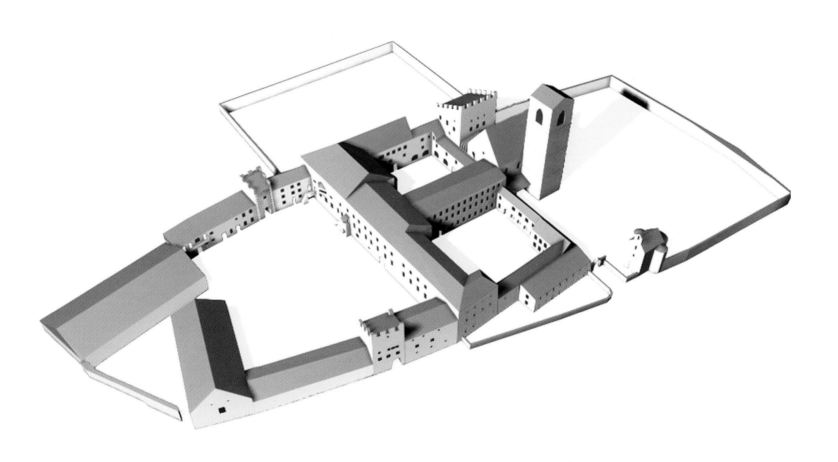

Gedanken zur Remise

Die Remise ist aus der Notwendigkeit entstanden, für die diversen Baracken in der Kälberwiese eine definitive Lösung zu suchen. Unter den verschiedenen Projektskizzen, die seit 1986 erstellt wurden, überzeugte mein Entwurf. Ich versuchte in der organisch gewachsenen Klosteranlage Elemente zu finden, die diese Kontinuität garantieren. Da das Grundstück außerhalb der Klosteranlage etwas angehöht liegt, sind folgende Dächer die bestimmenden Bauelemente der Klosteranlage:
- Plantaturm
- Kirchturm
- Kirchdach
- Nordtrakt etc.

Um nicht mit dem abgegriffenen Satteldachmotiv einen Baukörper zu erstellen, versuchte ich aus der Funktion des Baukörpers eine Dachform abzuleiten. Landwirtschaftliche Fahrzeuge sind in der Regel vorne niedriger als hinten. Ein Dach, das im Einfahrtsbereich hoch ist und auf der anderen Seite niedriger, nutzt optimal die Volumina aus. Das Grabendach wurde aus den verschiedenen Vorschlägen gewählt. Nicht nur wegen der Funktion sondern auch wegen der geringeren Gebäudehöhe und der besseren Ästhetik. Trotz der schlichten Materialwahl und dem Zurückhalten der Form wirkt der Baukörper entlang der Erschließungsstraße überzeugend: das spitz zulaufende Baueck und das Grabendach. Zufällig liegt er parallel zu den prähistorischen Pfahlbauten und grenzt die Kälberwiese so ab, daß diese noch als Wiese bestehen bleibt. Genutzt wird die Remise als Kartoffellager und zur Abstelle von landwirtschaftlichen Maschinen und Geräten. Die Schiebetore haben sich in der Zwischenzeit gut bewährt. Durch das Gefälle des Geländes werden beide Geschosse ebenerdig erschlossen. Holz, weiße Mauerscheiben, Betonschotten und verzinkter Stahl sind die einzig verwendeten Materialien.

Considerazioni sulla rimessa

La rimessa ha avuto origine dalla necessità di trovare una soluzione definitiva al problema costituito dalle diverse baracche nel "Kälberwiese". Fra gli svariati schizzi progettuali realizzati fin dal 1986 la mia proposta venne giudicata la più convincente. Mi ero adoperato per trovare elementi, nel complesso conventuale organicamente sviluppatosi, che valessero a garantirne la continuità. Dal momento che il terreno in questione, esterno al convento, si estende a un'altitudine lievemente superiore, gli elementi architettonici che caratterizzano il complesso sono i seguenti tetti:
- torre Planta
- campanile
- tetto della chiesa
- parte settentrionale ecc.

Per evitare di realizzare una costruzione ricorrendo al motivo ormai consunto del tetto a due falde, cercai di trovare una forma di tetto che traesse spunto dalla funzione a cui l'edificio era destinato.
Le macchine agricole, di norma, sono più basse davanti che non dietro. Un tetto che, nella zona d'ingresso fosse più alto e verso l'interno più basso mi sembrava sfruttasse i volumi in maniera ottimale. Fra le diverse proposte venne scelto pertanto un tetto concavo, non soltanto per considerazioni meramente funzionali, ma anche tenendo conto della modesta altezza dell'edificio e per ragioni estetiche. Il caso ha voluto che sorgesse parallelamente ai reperti archeologici delle palafitte, e delimita il recinto dei vitelli in modo tale da farlo sopravvivere come prato. La rimessa viene utilizzata per la conservazione delle patate e come deposito di macchine e attrezzature agricole. I portoni a saracinesca e le vie d'accesso dal lato del cortile hanno intanto mantenuto un buono stato di conservazione. A causa del dislivello del terreno entrambi gli accessi si aprono a livello del suolo. Gli unici materiali utilizzati sono il legno, le lastre in muratura bianche, le paratie in cemento e l'acciaio zincato.

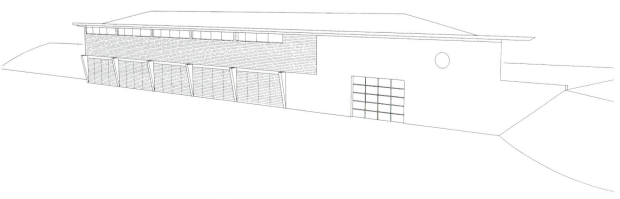

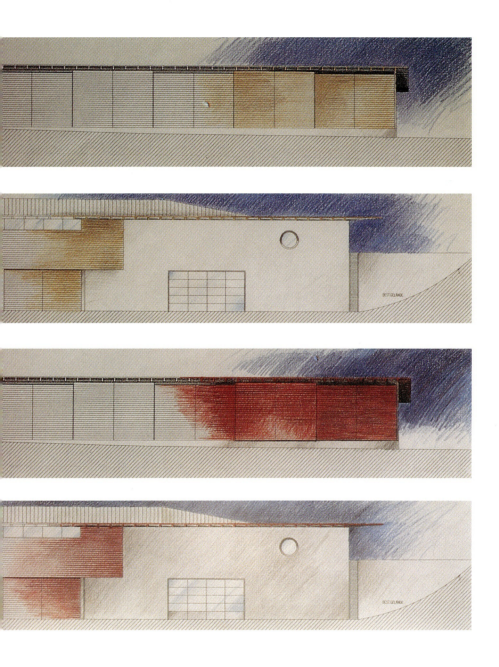

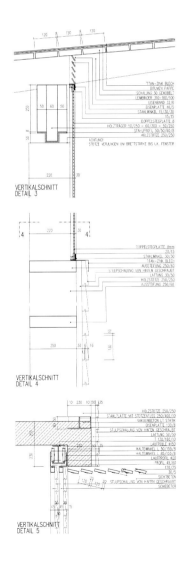

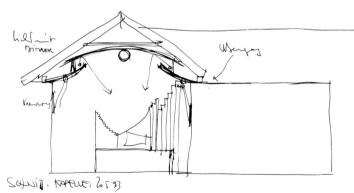

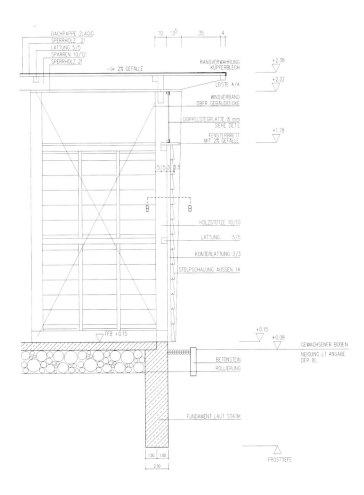

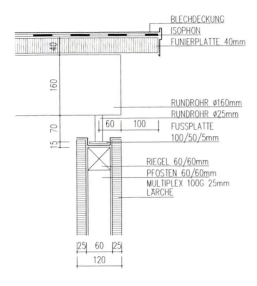

DETAIL1

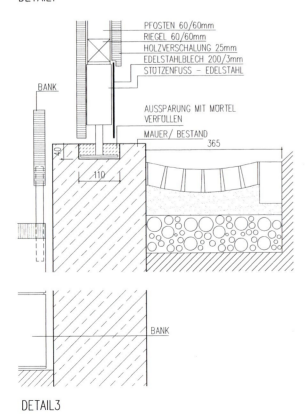

DETAIL3

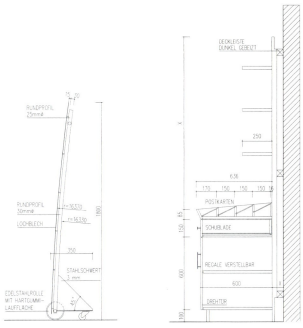

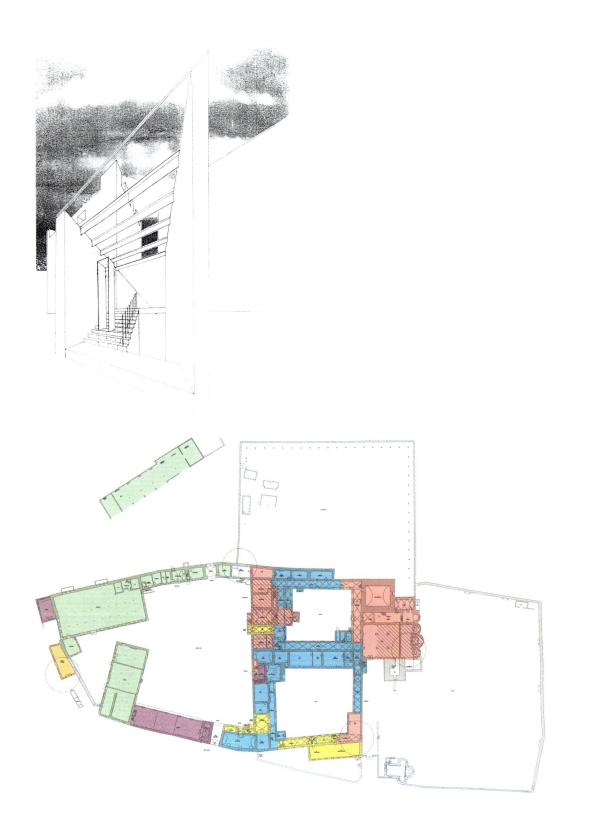

Raiffeisenkasse Kastelbell
Josef Feichtinger

Cassa Rurale Castelbello
Josef Feichtinger

Die Gemeinde Kastelbell baut Tempel; rechts der Etsch dem Christengott, dem alten, links der Etsch dem Mammon, dem neuen, pardon, dem noch älteren.

Raiffeisenkassen bauen feudal: eine feste Burg ist unser Geld. Karl Spitaler hat eine feste Burg gebaut, mit einem eindrucksvollen Turm aus Glas. Modernes Glas ist haltbarer als mittelalterliches Mauerwerk.

Der Glasturm ist rund. Wie die Münze. Wie die Rondelle der Hendlburg auf dem beherrschenden Felsen oberhalb der Straße.

Die Perspektiven der Seitenmauern laufen dienend auf ihn zu, die Konstruktion wirkt wie ein mächtiger Flügelaltar mit gestutzten Flügeln. Mammon thront in der Mitte, über dem hohen luftigen Schalterraum, in dem sich der Kunde demütig klein vorkommt. Und doch erdrückt der Raum ganz und gar nicht, leicht macht ihn - auch - die karge Geometrie der Ausstattung.

Mir imponiert das Bauwerk. Es ist ein Werk. Und ich schaue aus dem Busfenster, auch wenn ich das fünfzigstemal vorbeifahre.

Il comune di Castelbello si dedica alla costruzione di templi; sulla riva destra dell'Adige s'erge il tempio a Gesù Cristo - quello più vecchio - e sulla riva sinistra s'erge quello di Mammona, quello più nuovo - che sto dicendo: quello ancora più antico! Le casse rurali edificano in maniera feudale: un solido presidio nel nostro capitale. Karl Spitaler ha edificato una cittadella solida, con un'imponente torre di vetro. Il vetro di oggi è più solido d'un manufatto medioevale in muratura.

La torre di vetro è rotonda. Proprio come la moneta. Come la rondella del castello di Hendl, sulle rocce che sovrastano la strada.

Le prospettive dei muri laterali sono devotamente dirette verso di lei, e la costruzione appare come un imponente altare a portelli con le ali tarpate. Al centro troneggia Mammona, sopra la stanza dei bottoni, alta ed ariosa, dove il cliente ci appare umilmente piccolo. Il locale, tuttavia, non schiaccia proprio niente: è reso anzi leggero - anche - dalla sobria geometria dell'arredamento. Mi fa impressione l'edificio.

È un capolavoro. E guardo dal finestrino dell'autobus, anche se ci sto passando per la cinquantesima volta.

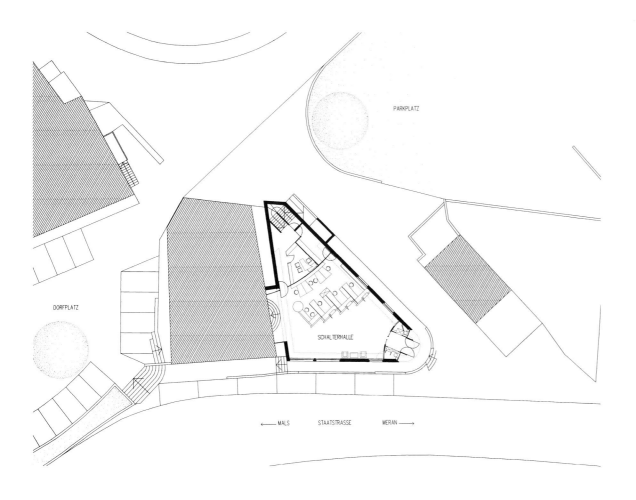

Architektur und Protestantismus
Hans Wielander

Die neue Architektur aus dem Vinschgau gilt als die mutigste im Land Südtirol und wird oft als richtungsweisend bezeichnet. Wiederholt haben sich damit auch die Medien beschäftigt und nach Gründen gefragt. Wird hier besser gebaut? Sind die Vinschgauer Baukommissionen aufgeschlossener? Die guten Neubauten zeichnen sich aus durch strenge Sachlichkeit in der Formgebung und Materialverwendung. Sie wachsen aus dem Gelände, kommunizieren mit dem Umfeld und verzichten auf jegliche Anbiederung an die "Tirolik" oder - wie der Grödner Otto Kostner sich ausdrückte - an die "Zimmer-mit-Frühstück-Architektur". Der Otto muß es ja wissen, war er doch selbst Gemeinderatsmitglied von St. Ulrich. Bei uns, klagt er, hat die Moderne überhaupt keine Chance, bei uns in Gröden baut man Türmchen in allen Spielarten und Hotels, die aussehen wie Schlösser oder gigantisch aufgeblasene Bauernhäuser.

Karl Spitaler nennt auf die Frage, wer seinen Architekturstil geprägt oder beeinflußt haben könnte, nicht nur seinen Lehrer Othmar Barth, auch den Künstler Karl Grasser. Er war sein vielseitiger Anreger in der Mittelschule und hat ihm sehr früh den Zusammenhang von Natur und Menschenwerk bewußt gemacht. Grassers Holzschnitte wachsen aus dem Vinschgauer Boden, sind aus Schwarz und Weiß gefügte Röntgenbilder. Grasser war lange Zeit in der Baukommission von Schlanders. Immer wieder hat er sich ganz entschieden für die neue Architekturgesinnung eingesetzt. Sein Kampf gegen kitschige Lieblichkeit war gefürchtet. Das Ansehen des Künstlers bewirkte ein Umdenken im ganzen Land. Das neue Bankgebäude der Raiffeisenkasse von Tschars-Kastelbell wird durch einen Glasturm betreten. Auffallend ist die Ähnlichkeit dieser Konstruktion mit den Rundtürmen von Schloß Kastelbell, in dessen Nähe sich dieses Gebäude befindet. Auch der Baukörper selbst folgt in seiner Mauerführung der Schloßidee, die Sicherheit und Festigkeit vermitteln soll. Immer öfter lehnen sich unsere Architekten an örtlichen Vorbilder an; immer öfter finden auch Bauherren den Mut, ganz bewußt die Moderne mit dem Bodenständigen zu verbinden.

Karl Spitaler, der Architekt aus Schlanders, ist mit dieser Arbeit ganz auf die Funktion des Gebäudes eingegangen und hat nicht, wie das früher häufig üblich war, ein Bauernhaus zum Bankgebäude aufgeblasen.

Ob es in die Landschaft paßt? Der Himmel spiegelt sich im Glas. Das Wettergeschehen wird in den Raum hineingenommen. Ich könnte mir vorstellen, daß man in dieses Haus gerne hineingeht und sich darin wohl fühlt. Aber nicht nur die Wolken wölben sich ganz neu, auch die Nachbarhäuser werden spielerisch verformt und scheinen sich verwundert in diesem Spiegel zu betrachten. Dieses Bankhaus zieht an und strahlt aus... was könnten sich die Bauherren Besseres wünschen? Die spitzen Dachformen aber erinnern mich, ich weiß nicht warum, an die Hörner eines Bockes. Das möchte ich als Steigerung verstanden wissen: Das Haus hat etwas Lebendiges, Beschützendes und Bergendes. Man spürt das Dach. Der Regen wird niederfallen wie auf ein Tier, das im Freien übernachtet, wird abgeleitet wie über einen Pelz.

Karl Spitaler wurde wiederholt mit Aufträgen in historischen Gebäudekomplexen betraut, so etwa im Kloster St. Johann in Müstair. Diese bereits auf schweizerischem Territorium gelegene Klosteranlage war bis in die Neuzeit auch religiöses Zentrum des Vinschgaues. Dieser Schnitt-

Architettura e protestantesimo
Hans Wielander

La nuova architettura in val Venosta si pone, considerata, come la più coraggiosa in Alto Adige, e spesso viene indicata come apertura verso vie nuove. Anche i mezzi di comunicazione - più e più volte se ne sono occupati, domandandosene le cause. Che in val Venosta si costruisca meglio? Forse che le commissioni edilizie della valle hanno meno chiusure mentali?

Le nuove costruzioni, fatte a regola d'arte, si configurano per la loro rigorosa obiettività plasmatica e per l'utilizzo dei materiali. Sbocciano dal terreno, comunicano con il contesto che le circonda, rinunciando ad ogni sgradevole confidenza nei confronti della "tirolesità", meglio ancora - come ebbe ad esprimersi, il gardenese Otto Kostner - dell' "architettura camera con colazione". E Otto doveva pur saperne qualche cosa, come membro del consiglio comunale di Ortisei. Ed eccolo, il suo grido di dolore: tutto ciò che è moderno, qui da noi non ha futuro, qui in val Gardena si costruiscono torricine d'ogni sorta, ed alberghi che sembrano castelli o case di contadini, mostruosamente gonfiate.

Alla domanda su chi possa aver pesato od influito sul suo stile architettonico, Karl Spitaler risponde citando non solo Othmar Barth, suo maestro, ma anche l'artista Karl Grasser. Alla scuola media Grasser era il suo poliedrico animatore, ed è riuscito a creare in lui la consapevolezza - e questo assai presto - del rapporto intercorrente fra natura e opera dell'uomo. Le sculture in legno di Grasser crescono dal suolo della Venosta, sono radiografie in bianco e nero. Per lungo tempo Grasser ha fatto parte della commissione edilizia di Silandro, prendendo ripetutamente una posizione molto decisa in favore del modo di pensare dell'architettura moderna. La sua battaglia contro i vezzi del kitsch incuteva timore. Il modo di vedere dell'artista provocò un'inversione di rotta in tutta la regione.

La nuova sede della Cassa Rurale di Ciardes/Castelbello è sormontata da una torre di vetro. Salta all'occhio l'analogia di questa costruzione con le torri rotonde del non lontano castello sovrastante. Anche il corpo edilizio stesso riprende, nel movimento delle parti in muratura, l'idea del castello, allo scopo di trasmettere un senso di sicurezza e di solidità. Sempre più spesso i nostri architetti si orientano verso modelli locali, e sempre più spesso anche i committenti trovano il coraggio di collegare il moderno con il preesistente. Karl Spitaler è architetto di Silandro, con questo lavoro, è penetrato nella funzione del manufatto, senza gonfiare, come prima era abbastanza frequente, una casa di contadini in una banca. E l'adattamento all'ambiente? Il cielo si specchia nel vetro. Le condizioni meteorologiche vengono risucchiate all'interno. Sono portato a pensare che, in un edificio del genere, si possa entrare volentieri e trovarcisi ad agio. Ma non soltanto le nuvole s'inarcano in modo nuovo: anche le case vicine si trasfigurano ludicamente, guardandosi stupite in questo specchio. Questa banca, come edificio, attira ed irradia... Che cosa di meglio si potrebbero aspettare i committenti? Però quei tetti a punta mi ricordano - e non so dire perché - le corna d'un ariete. Ma vorrei che ciò fosse inteso come un complimento: la casa ha in sé qualche cosa di vivo, di protettivo, di montanaro. Questo tetto si fa avvertire. La pioggia vi cadrà come su un animale che sta pernottando all'aperto, deviata come da una pelliccia.

punkt des Talgefüges Vinschgau, Münstertal, Engadin ist Kristallisationskern europäischer Kultur. In diesem helvetischen Nationalheiligtum hat Spitaler immer wieder Aufträge erhalten, unter anderem den Neubau einer Kapelle, die den Geist des Klosters bewahren und erklären soll.

Nauders und das untere Engadin bilden zusammen mit dem Vinschgau ein Dreiländereck; die Ortschaften zeichnen sich durch ähnliche Siedlungskerne aus. Es sind meist Haufen- oder Straßendörfer, die immer wieder durch Brandkatastrophen zerstört wurden. Beim Wiederaufbau hat man dem Holz das brandsichere Mauerwerk vorgezogen. Die Verschachtelung der Häuser - bedingt auch durch uneingeschränkte Erbteilung - ließ Gebäude entstehen, die es anderswo, etwa in den Gebieten mit den großen, geschlossenen Höfen, nicht gibt. Dadurch entstand ein ganz neuer Baustil, besser gesagt, es gab überhaupt keinen Stil: Naive Architektur, Mauerverzierungen mit Bannsymbolen in Sgraffitotechnik, Umrahmungen mit Motiven aus jenen Ländern, in denen die Menschen Arbeit gefunden hatten. Das Epos der Berge aber erzählen die verschiedenfarbigen Steine in den unverputzten, hohen Mauern.

Hier ist noch ein anderer Künstler zu nennen, Karl Plattner. Er hat malend und zeichnend die Landschaft, die Häuser und Menschen des Vinschgaues gedeutet. Wenn Licht, Formen und Farben sich klar und leuchtend zusammenfügen, dann sagen die Vinschger: "Das ist wie Plattner". In ähnlicher Weise komponiert Plattner auch seine Menschenbilder. Sie vereinen Widersprüchliches, Vertrautheit und Angst, Rebellion und Suche nach Harmonie. Theologischer Wildwuchs und ausufernde Katholizität waren ihm zuwider. Es ist, als würden aus diesem Künstler alle Dämonen des Vinschgaus sprechen.

So oder ähnlich verlaufen die Gespräche mit Karl Spitaler, wenn das menschliche oder geschichtliche Umfeld analysiert werden soll.

Was ist die richtige Bauweise, was der richtige Glaube? Während die Auseinandersetzungen über Architektur seit etwa 30 Jahren die Gemüter bewegen, liegen die konfessionellen Kämpfe zwischen Katholizismus und Protestantismus, beginnend mit der neuen Lehre Luthers, Calvins, Zwinglis und dem politischen Ansatz Michael Gaismairs, weiter zurück. Sie wirkten hier im westlichen Tirol ganz besonders stark und konnten nur durch die Gegenreformation zurückgedrängt werden. Geblieben aber ist der Geschmack der Freiheit, der religiöse Spielraum.

Der Vinschgau ist über das Münstertal und den Ofenpaß mit dem bündnerischen Engadin verbunden. Die erste Ortschaft hinter der Grenze ist das noch katholische Müstair; schon das nächste Dorf und das dahinter liegende Gebiet ist reformiert. Zur religiösen und politischen Trennung kommt noch die sprachliche. In Müstair wird rätoromanisch gesprochen. Das hat man auch im oberen Vinschgau noch verstanden und zwar bis ins 18. Jahrhundert. Hier treffen sich religiöse, sprachliche, politische Gegensätze auf engstem Raum. Hier wirkte die Selbstbehauptung der eidgenössischen Nachbarn ganz besonders verlockend. Gaismairs "Tiroler Landesordnung" aus dem Jahre 1526 sollte eine neue Staats- und Gesellschaftsordnung bringen. Von hier aus sollte die Umwandlung Tirols in eine Republik erfolgen.

Micheal Gaismair, der mit dem puritanischen Zwingli in Verbindung

Karl Spitaler ha avuto frequenti incarichi d'intervento in complessi edilizi storici, come ad esempio nel convento di San Giovanni a Müstair. Questo complesso monastico - già in territorio svizzero - era anche il centro religioso della val Venosta, fino all'età moderna. Questo punto d'incrocio delle strutture vallive della Venosta, della val Monastero, dell'Engadina è il nucleo di cristallizzazione della cultura europea. In questo centro spirituale nazionale della Svizzera Spitaler ha ottenuto numerose commissioni, fra cui la nuova costruzione d'una cappella destinata a conservare e chiarire lo spirito del convento.

Nauders e l'Engadina inferiore determinano, insieme con la Venosta, un triangolo di regioni, e le località si presentano con nuclei d'insediamento reciprocamente analoghi. Si tratta per lo più di villaggi agglomerati o disposti lungo la strada, ripetutamente distrutti da catastrofici incendi. Nelle ricostruzioni successive, il legno è stato sostituito dall'incombustibile muratura. L'interdipendenza delle case - dovuta anche a passaggi ereditari indivisi - ha fatto sorgere edifici che non esistono in altre zone, come dove, ad esempio, fioriscono i grandi masi chiusi. Ed ecco formarsi uno stile architettonico tutto particolare, o, per meglio dire, uno stile inesistente: architettura primitiva, ornamentazione parietale con simboli magici, con tecnica a graffito, cornici con motivi importati da quei paesi dove la gente trova un lavoro. Ma l'epica della montagna ci viene narrata dal diverso colore delle pietre che costituiscono gli alti muri non intonacati.

E qui è necessario citare anche un'altro artista: Karl Plattner. Attraverso la pittura e il disegno, Plattner ha interpretato il paesaggio, le case, e le persone della val Venosta. Quando luce, forme e colori si legano insieme in modo chiaro e brillante, in val Venosta si dice: "ma questo è Plattner!". In maniera analoga, Plattner crea anche le sue immagini umane, dove compaiono. insieme, contraddizione, intimità. paura, ribellione, ricerca d'armonia. Cespugliame teologico e straripamento cattolico gli davano fastidio. È come se, per bocca di questo pittore, parlassero tutti i demoni della val Venosta. Più o meno allo stesso modo si sviluppano i discorsi con Karl Spitaler, quando si tratta di analizzare un contesto umano o storico. Che cos'è l'architettura "giusta", che cos'è il credo "vero"? Mentre, da circa trent'anni, le discussioni intorno all'architettura sommuovono i sentimenti, le lotte religiose fra chiesa cattolica e chiese riformate, iniziate con le nuove dottrine di Lutero, Calvino, Zwingli, unite alle tracce lasciate da Gaismair, risalgono a molto tempo prima. Nel Tirolo occidentale, in particolare, hanno sortito un effetto molto potente, e solo la controriforma riuscì ad arginarle. Ma il sapore della libertà è riuscito a sopravvivere di fronte alla pressione religiosa.

La val Venosta - attraverso la val Monastero e il passo del Forno è collegata con l'Engadina svizzera. La prima località, superato il confine, è l'ancora cattolica Müstair: il villaggio immediatamente successivo, come la zona retrostante, è protestante. E, accanto alla divisione religiosa, troviamo quella linguistica. A Müstair si parla il ladino, lingua compresa, anche nell'alta val Venosta, fino al XVIII secolo. E qui si vanno a scontrare contrasti religiosi, linguistici, politici, in un mondo assai circoscritto. In quest'ambito poteva premere, e in maniera quanto mai allettante, l'autoaffermazione del vicino della confederazione.

stand, wollte vom Vinschgau aus das Land revolutionieren. Etwas von diesem Geist ist, wenn auch verdeckt, in den Menschen dieses Tales geblieben, vor allem auch bei den Architekten. Was sie machen - und Karl Spitaler gehört an den Anfang dieser Bewegung - ist so etwas wie eine Reformation und Revolution. Und sie haben auch protestiert, und wenn nicht anders, so eben durch ihre Bauten.

Der Dichter Franz Tumler - aus dem Vinschgau stammend - analysiert die Seele dieses Landes und behauptet unter anderem, daß farbenfrohe Trachten früher im Vinschgau unbekannt waren, daß die Frauen schwarz gekleidet waren, daß Musik und Tanz von der Kirche unterdrückt worden sind...all das erinnert an die leidvollen Auseinandersetzungen um den wahren Glauben.

Darum geht es schon lange nicht mehr. Der Wahrheitsbegriff hat sich verlagert, vom konfessionellen auf das Ästhetische. Bekehrung und Missionierungen werden bei uns nicht mehr auf religiöser, sondern auf künstlerischer Ebene versucht. Oder eben auf dem Gebiet der Architektur. Und hier hat Karl Spitaler seinen Platz: Er hat schon früh erkannt und durchgesetzt, wovor andere sich aus Bequemlichkeit drücken.

L'"ordinamento tirolese" di Gaismair, del 1526, avrebbe dovuto apportare un nuovo ordinamento statale e sociale. Da lì si sarebbe dovuti arrivare alla trasformazione del Tirolo in una repubblica.

Michael Gaismair, collegato con il puritano Zwingli, voleva, dalla val Venosta, estendere la rivoluzione all'intera regione. E tracce di questo spirito, sebbene sommerse, sono rimaste negli abitanti di questa valle, e, soprattutto, anche negli architetti. Quel che fanno - e Karl Spitaler appartiene all'avanguardia di questo movimento - non è lontano da una riforma, o da una rivoluzione. Ed anche gli architetti han provocato una riforma, se non altro attraverso le loro creazioni.

Il poeta Franz Tumler - originario della val Venosta - ha analizzato l'anima di questa regione, arrivando, tra l'altro, a stabilire che i vestiti da cerimonia gioiosamente policromi, una volta, in val Venosta non eran conosciuti: le donne vestivano di nero, musica e danze erano proibiti dalla chiesa ... E tutto questo ricorda i dolorosi contrasti circa il credo "vero".

Ma già da un pezzo il problema non è più questo. Il concetto di verità s'è andato spostando dal confessionale all'estetico. Conversioni e missioni non fanno più parte del campo religioso, bensì di quello artistico, dove vengono appunto cercate. Od anche nel campo dell'architettura. Ed è qui che Karl Spitaler ha il suo spazio, il suo posto: s'è accorto presto, affermandosi, prima che altri s'imponessero in un dolce far niente.

Raifeissenkasse Schlanders
Hans Wielander

Cassa Rurale di Silandro
Hans Wielander

Bankleute und Architekten sind sachliche Leute; sie lieben es, in Zahlen zu reden oder rein funktional. Dazwischen aber, also zwischen diesen Wirklichkeiten, liegen die Möglichkeiten. Und davon möchte ich reden. Hier also, im Obergeschoß der Schalterhalle, werden Ausstellungen gezeigt werden, die Bank bietet Raum für Entfaltung und Besinnung. Entfaltung also für jene, die ihre künstlerische oder dokumentarische Aussage den anderen mitteilen möchten; Besinnung aber darauf, daß das Geld nicht Selbstzweck ist.

Einmal möchte ich diesen Bau der Architekten Walter Dietl und Karl Spitaler als Herausforderung sehen: Kaum anderswo wurde so konsequent auf alle Zugeständnisse an den gängigen Geschmack, der sich leider zu oft in einer sterilen Nachahmung sogenannter heimischer Bauweise verirrt, verzichtet; kaum anderswo wurde so sinnlich auf Umgebung, Straßenführung, auf Zweckbestimmung und Brückenfunktion eines öffentlichen Baues eingegangen.

Freilich, wer sich an den bäuerlichen Vorgängerbau erinnert, zu dem auch ein kleiner Turm gehörte und ein Stadel mit Schindeldach, wird nicht umhin können, mit Wehmut an das Verschwinden alter Bausubstanzen zu denken. Da der Umbau aber vom Besitzer selbst beabsichtigt wurde, darf man sich über das vorliegende Ergebnis freuen.

Aber ich wollte von der Brückenfunktion dieses Baues sprechen. Darunter verstehe ich vorerst, daß dieser Bau etwas verbindet: das Innen und Außen. Man wird geradezu hineingezogen; befindet man sich aber dann im Innenraum, lassen Durchblicke in alle Richtungen das Geschehen der belebten Straße, die umliegenden Häuser, die Kirche, den Turm, die Landschaft hineinfluten. Man ist geschützt und doch nicht ausgeschlossen. Der Straßenbogen fließt um das Gebäude herum, eine weiche, runde Linie, die sich im Innern als ebensolche Rundform, aber in entgegengesetzter Richtung, als spannungsreicher Raum entwickelt. Konvex und konkav: wie durch eine optische Linse wird hier etwas gesammelt. Und das Bild von der Linse stimmt auch in einem anderen Sinn. Es gibt kaum einen Arbeitsraum, in dem das Licht eine so große Rolle spielt: Spiel, Lichtspiel, Festlichkeit... das empfinde ich, wenn ich diesen Raum betrete.

Die Leistung der beiden Architekten ist selbst ein Musterbeispiel guten Zusammenspiels. Und natürlich auch der Handwerker. Das muß man angreifen, mit den Augen abtasten, es ist ein Genuß. Und nicht zu vergessen der Bauherr selbst, der hier im besten Sinne des Wortes mitgespielt hat.

Bancari ed architetti sono gente pratica, a cui piace discutere in termini di numeri o di pura funzionalità. Fra le righe, tuttavia, e intendo dire fra queste realtà, s'annidano le ipotesi. Ed è di queste che vorrei parlare.
Qui dunque, al piano superiore a quello degli sportelli, si organizzano attività espositive, e la banca offre lo spazio per manifestazioni e riflessioni. Manifestazione, dunque, per quanti vorrebbero trasmettere ad altri il proprio messaggio artistico o documentaristico; riflessione, però, sul fatto che il denaro non fine a sé stesso.

A un certo punto vorrei vedere quest'opera degli architetti Walter Dietl e Karl Spitaler come provocazione: in nessun altro luogo si é fatto a meno, e con tanta consequenzialità, di tutte le concessioni al gusto corrente, che - ahimè troppo spesso - si smarrisce in una sterile imitazione della cosiddetta architettura "di casa nostra"; in nessun altro luogo e con altrettanto criterio si è tenuto conto del contesto, dell'accessibilità, della finalità e della funzione di collegamento di un edificio pubblico.

Certamente chi ha in mente l'architettura contadina degli antenati, alla quale appartenevano anche una piccola torre e un fienile con il tetto di scandole, sarà costretto a pensare con nostalgia alla scomparsa degli antichi materiali da costruzione. Ma dal momento che la ricostruzione é stata decisa personalmente dal proprietario, possiamo dichiararci soddisfatti dal risultato che abbiamo sotto gli occhi.

Ma era mia intenzione soffermarmi sulla funzione di collegamento di questo edificio. Con ciò intendo, innanzitutto, che questo edificio mette in collegamento l'interno e l'esterno. Ci si sente addirittura risucchiati. Quando ci si ritrova all'interno, tuttavia, colpi d'occhio in ogni direzione fanno fluire dentro tutto ciò che accade nella strada affollata, le case vicine, la chiesa, il campanile, il paesaggio. Ci sentiamo protetti, ma non esclusi. La strada curva intorno all'edificio in una linea morbida e rotonda, che si va a sviluppare all'interno nella stessa traiettoria circolare, ma in senso invertito, dando corpo a uno spazio ricco di tensione. Convesso e concavo: come attraverso una lente ottica, vi si concentra qualche cosa. E l'immagine della lente vale anche in un senso diverso, Non esiste un altro ambiente di lavoro dove la luce abbia un ruolo di tale importanza: gioco, gioco di luce, gaiezza... ecco ciò che provo quando mi trovo in questo locale.

Il lavoro stesso dei due architetti é un bell'esempio di collaborazione riuscita. Altrettanto sia detto circa il lavoro delle maestranze. Bisogna toccar con mano, afferrare con gli occhi: é un piacere. Né va dimenticato il committente, che ha preso parte al gioco nel senso migliore del termine.

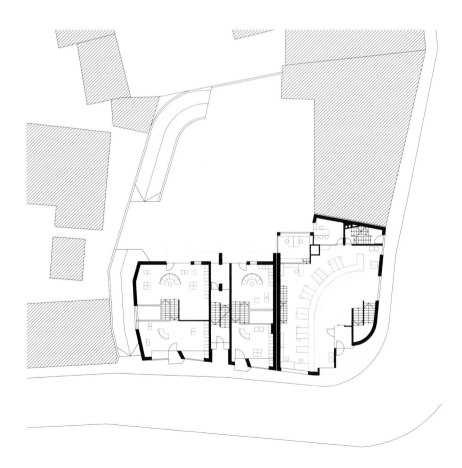

Sparkassenplatz Schlanders

Piazza della Cassa di Risparmio Silandro

Ich freue mich, wenn ich Menschen auf dem Platz herumstehen sehe. Sie schauen sich die Details der Steinstufen an, die Marmorplatten, den Brunnen, das Wasser, die Bäume, die Bodenleuchten… Viele schütteln den Kopf, bleiben aber immerhin stehen und machen sich Gedanken über das äußere Erscheinungsbild des Platzes.

Jetzt, im Frühsommer, werden endlich auch die Sitzstufen genutzt. Schüler, Studenten, Kinder und Arbeiter setzen sich während der Mittagspause darauf, beobachten die Szenerie vor ihren Augen, den Verkehr, die Leute oder den Bürgermeister, der vorbeigeht ins Rathaus.

All dies zeigt, daß der Platz akzeptiert wird, daß ein Platz nicht repräsentativ sein muß, sondern ein Einrichtungsgegenstand im Dorf sein kann. Im Schlanderser Ortszentrum, in der „Fußgängerzone", die ebenfalls gepflastert, allerdings „verpflastert" wurde, fehlen solche Einrichtungen. Wohnzimmermöbel sind beweglich, im urbanen Raum müssen die Möbel fest eingebaute Elemente sein. Diese schaffen ein Wohnambiente, nehmen die natürlichen und geschaffenen Abgrenzungselemente auf und verleihen dem Raum eine Dimension, die menschengerecht ist.

L'esperienza gioiosa scaturisce dal fatto che, nella piazza, vedo che si sono fermate delle persone. Osservano dettagli dei gradini di pietra, le lastre di marmo, la fontana, l'acqua, gli alberi, le luci pavimentali. Qualcuno scuoterà pure la testa, ma tuttavia se ne resta pur sempre lì, pensando a come appare l'esterno della piazza. Certamente nessuno si costruisce qualche idea sulle intenzioni dell'architetto. L'estate é già iniziata, e quindi, finalmente, i gradini vengono usati anche per sedervisi. Scolari, studenti, bambini, gente che lavora vi si siedono durante la pausa per il pranzo, si guardano intorno, osservano il traffico, sbirciano la gente od il sindaco, quando passa per raggiungere il municipio. Tutto questo significa che la piazza é stata accettata, che una piazza non deve essere per forza rappresentativa, ma che può fungere anche come oggetto d'installazione al centro del paese.

Nel centro storico di Silandro, nella "zona pedonale", che altrettanto é stata lastricata, comunque "lapidata", mancano installazioni di questo genere. Installazioni mobili possono essere gli arredi d'un salotto ma, per quanto riguarda l'urbanistica, devono essere elementi fissati bene, in grado di creare un ambiente di tal fatta. Si eleva al di sopra d'ogni elemento riduttivo sia naturale che urbano raggiungendo una dimensione a misura d'uomo.

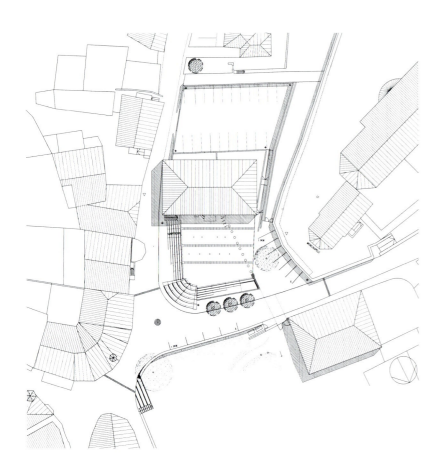

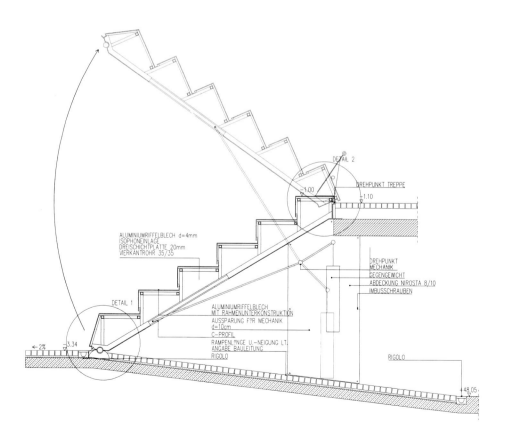

Musikschule Naturns

Scuola musicale Naturno

Das bestehende Probelokal der Musikkapelle bleibt bestehen und wird in den Neubau integriert. Die straßenbegleitende Mauer des Bestandes wird, wie sie steht, als ideal empfunden. Der Neubau wird auf dieser Linie errichtet. Die richtigerweise geforderte akustische Trennung Musikschule - Kirche wird durch den neuen Baukörper erzielt.

Der Baukörper der Musikschule gliedert sich um einen Innenhof. Durch seine organische Grundrißform ist der Innenhof sehr für Freiluftkonzerte geeignet.

Ideal am Planungsareal ist die Neigung des Geländes. Dadurch kann zu ebener Erde der Mehrzwecksaal betreten werden (Vorführsaal / Chorprobelokal / kirchlich genutzter Raum). Ebenfalls ebenerdig wird auch die Musikschule, die in diesem Geschoß liegt, erschlossen. Die Unterrichtsklassen sind im Geschoß über dem Innenhof angeordnet und werden akustisch durch den umlaufenden Gang von der Außenfassade abgesetzt. Der Neubau rückt von der Kirche ab, um dem Kirchplatz die richtige Dimension zu geben. Dadurch versteht man auch den Zugang in die Kirche. Diesem gegenüber ist der Eingang in den Mehrzwecksaal vorgesehen. Auch diese Ostfassade tritt vom Sakralbau zurück. Sie ist schlicht gehalten, um die Wichtigkeit der Kirche zu betonen. Zur Totenkapelle hin klinkt ein Baukörper aus, um mit der dadurch entstehenden Torsituation einen intimen Bereich zu schaffen (Friedhof).

Der Innenhof der Musikschule wird fußläufig mittig über einen Durchgang erschlossen. Vom Innenhof gelangt man auch zum bestehenden Musikprobelokal.

Vom Kirchplatz aus ist etwas zurückgesetzt der Eingang in den Mehrzwecksaal geplant. Über ein offenes Foyer betritt man die Halle.

Der Saal selbst liegt unter dem Innenhof. Die Belichtung und Belüftung erfolgt über Lichtschächte. Die räumliche Qualität wird durch das schräg einfallende Licht unterstrichen.

Der andere Zugang, im Geschoß darüber, liegt mittig in der straßenbegleitenden Mauerscheibe und führt zum Innenhof (Durchgang).

Durch die abfallende Dachschräge wird die architektonische Qualität der Freiräume unterstrichen.

Über eine Hebebühne (Behindertenlift) und die abgewinkelte Treppenanlage erreicht man den Klassentrakt im Geschoß darüber. Die Klassenräume werden der besseren Akustik wegen schiefwinklig angeordnet (Schallreflexion). Die Belichtung der Räume erfolgt zweiseitig.

Aus dem Wettbewerbsbeitrag vom Mai 1996

La preesistente sala per le prove della banda musicale rimane, e viene integrata nella nuova costruzione. Il muro che si affianca alla strada, nelle condizioni attuali, appare un sostegno ideale. La nuova costruzione viene innalzata su questa linea. Si provvede alla giusta separazione acustica tra la scuola musicale e la chiesa grazie al nuovo complesso edilizio. Il complesso della scuola musicale si articola intorno a un cortile interno. Grazie alla forma organica della sua pianta, il cortile interno si presta egregiamente all'esecuzione di concerti all'aperto.

L'inclinazione del terreno si adatta in modo eccellente allo scopo, permettendo l'accessibilità, a livello del suolo, della sala polifunzionale (sala proiezioni, locale per le prove del coro, spazio utilizzato dalla chiesa). Ed ancora, a livello del suolo, sempre sullo stesso piano, è accessibile anche la scuola musicale. Le aule destinate all'insegnamento sono sistemate nel piano sovrastante il cortile interno, acusticamente isolate dal corridoio che si snoda lungo la facciata esterna.

La nuova costruzione si scosta dalla chiesa, per donare alla piazza antistante la dimensione che merita. E ciò serve anche a comprendere l'accesso alla chiesa. Di fronte a quest'accesso è previsto l'ingresso alla sala polifunzionale. Anche la facciata orientale retrocede rispetto alla costruzione sacrale. È stata scelta una forma semplice, al fine di accentuare l'importanza della chiesa. In direzione della cappella mortuaria si staglia un corpo edilizio, al fine di creare, attraverso la nuova sistemazione del portale, un locus protetto da più intensa intimità (il cimitero).

Il cortile interno della scuola musicale è aperto al traffico pedonale grazie ad un passaggio centrale. E, dal cortile interno, si accede anche all'attuale locale adibito alle prove musicali. L'ingresso della sala polifunzionale è previsto in posizione piuttosto arretrata rispetto alla piazza prospiciente la chiesa. Attraverso un ridotto all'aperto è possibile accedere alla sala. La sala stessa è situata sotto il cortile interno. Illuminazione ed areazione vengono garantite attraverso lucernari. La qualità dello spazio viene sottolineata da un'illuminazione obliqua. L'altro ingresso, al piano superiore, che si apre nel mezzo della parete che si affianca alla strada (l'accesso pedonale), per condurre al cortile interno (altro accesso pedonale). Grazie all'inclinazione obliqua del tetto, abbiamo una valorizzazione della qualità degli spazi liberi. Grazie ad un elevatore (ascensore per persone motoriamente impedite) e la scala ad angoli si accede al reparto delle aule, situato al piano superiore. Questi locali godono delle migliori condizioni acustiche, a causa della loro disposizione ad angoli acuti (riflessione sonora). I locali sono illuminati bilateralmente.

Dal contributo al concorso del maggio 1996

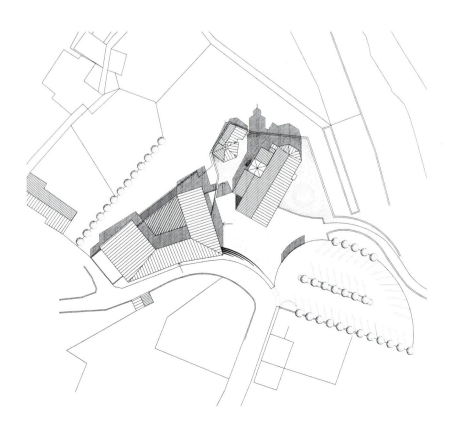

Bäckerei Preiss Kastelbell
Josef Feichtinger

Panificio Preiss Castelbello
Josef Feichtinger

Unauffälligkeit ist ein Kennzeichen diese Zweckbaues an der Straße durch den Vinschgau.

Ich weiß, daß dort Brot gebacken wird, ich habe sogar in einer Frühmorgenstunde Licht darin gesehen, wie es zur Poesie des Bäckerberufes gehört. Staub und störende Besucher hält die Distanz ab, die zur Straße gehalten ist, eine Bäckerei ist ja kein Museum und kein Ziel für Flanierer.

Die Bilder haben mich zu einem Lokalaugenschein verleitet, am Sonntag, da herrscht Ruhe.

Einfach und klar sind die Linien, ich nehme an, es ist kein Fenster zu viel. Die sechstürige Ausfahrt wirkt gewaltig, zwei kreisrunde Glasglotzen sind monströs, zwölf ein Lebewesen, in dessen Augen sich die Sonne spiegeln kann. Das Dach darüber wirkt übermütig beschwingt, die strenge Eisenkonstruktion allerdings zwingt es in den Rahmen der nüchternen Nützlichkeit zurück.

Der schnabelförmig aus der beruhigend bräunlichen Klinkerwand vorstossende Anbau erinnert mich an ein "Fochaz", eine Tiergestalt aus Brot, die im Vinschgau zu Ostern oder Allerheiligen den Patenkindern geschenkt wird.

Uno dei segni di riconoscimento che caratterizzano questa costruzione essenziale che sorge lungo la statale della Venosta è la discrezione.

Io so che vi si cuoce il pane, mi è persino capitato di vederne filtrar della luce in ore antelucane, proprio secondo i canoni della poetica del fornaio. Polvere e visitatori molesti sono tenuti lontani dalla distanza mantenuta verso la strada: un forno non è un museo né una meta per sfaccendati.

Le immagini mi hanno indotto a dare un'occhiata ai locali. La domenica tutto è tranquillo.

Le linee sono semplici e chiare, e devo ammettere che non c'è una finestra di troppo. L'uscita a sei porte dà un'impressione imponente, due occhi di vetro perfettamente rotondi appaiono mostruosi, dodici sono un essere vivente, ed in essi si può specchiare il sole. Il tetto sovrastante s'impone in allegra baldanza, e la severa costruzione in ferro, in ogni caso, lo fa permanere comunque nell'ambito della più sobria utilità.

La punta finale a mo' di becco che sporge dalla parete a clinker, d'un bruno riposante, mi fa venire in mente un "fochaz", quelle focacce di pane a forma d'animale che i padrini, in val Venosta, regalano ai figliocci a Pasqua o ad Ognissanti.

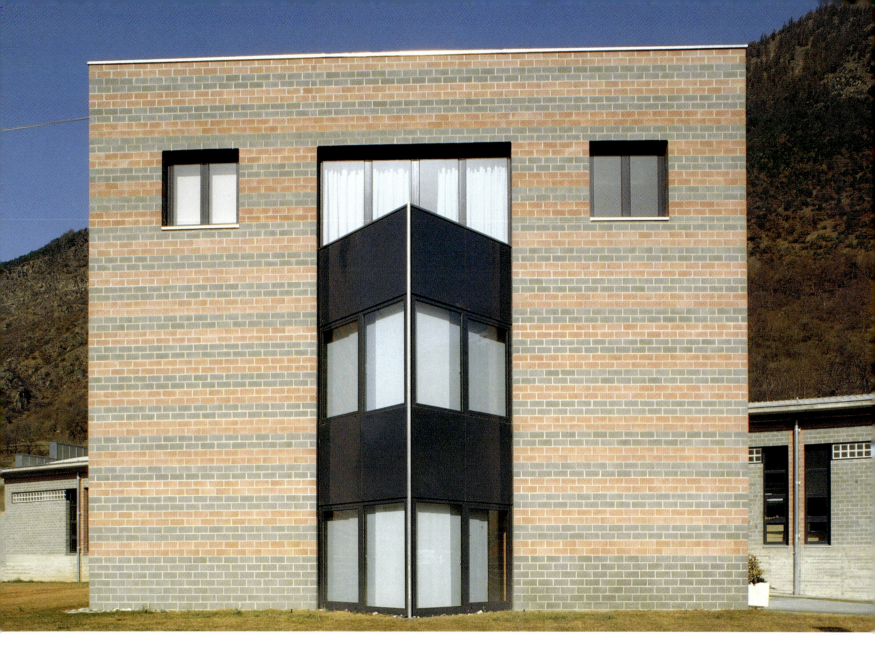

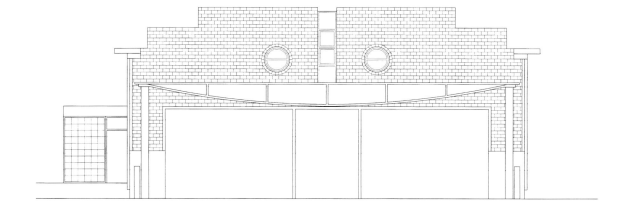

Zivilschutzzentrum Martell
Josef Feichtinger

Centro Protezione Civile Martello
Josef Feichtinger

Über Architektur schreiben? Gefühl totaler Inkompetenz!

Technisches Zeichnen war mein Leidensfach, Geometrie eine Begabungslücke. Ein Gemälde inspiriert, ein Bauplan irritiert, mit einem Gemälde ist ein Zwiegespräch möglich, ein Bauplan bleibt stumm.

Es scheint darüberhinaus ein uraltes tiefverwurzeltes Mißtrauen zu herrschen zwischen den Sprachmächtigen, die, wie sie glauben, Geist verwalten und den Zirkelkundigen, die Materie gestalten. Die Sprachmächtigen sind ohnmächtig, die Zirkelkundigen mächtig in unserer Gesellschaft, das verstärkt den Riß.

Und vielleicht wirkt jahrtausendealtes theologisches Denken weiter, das den Techniker als Gegenspieler des Schöpfergottes sieht.

Architekten sind endliche Schöpfergötter: sie konstruieren unsere Lebensräume, Wohnungen, Ortschaften, Landschaften. Wir sind gezwungen, in Räumen zu wohnen, die ihrem Kopf entsprungen sind, um diese Räume prägen unsere Seelenräume.

Architekten sind endliche Schöpfergötter. Ist dieses Gabe eine Auszeichnung oder Anmaßung?

Ich persönlich halte ein Bauwerk für ein Schöpferwunder wie eine Symphonie oder ein Gedicht.

Freilich fällt dieser Glaube nicht immer leicht: viele Architekten sind denaturierte Betonköpfe, die es der Natur nie verzeihen, daß sie perfekter ist, brutale Lakaien des unheiligen allgegenwärtigen heiligen Geistes, der Profit heißt.

Karl Spitaler war mein Schüler. Ein guter, ein fordernder, ein stolzer. Es gab Reibungsflächen, denn wir waren beide jung, und das Realgymnasium machte seine ersten Schritte.

Ich war leicht im Nachteil, der Lehrer müßte älter sein. (Aber nicht zu alt).

Er ist erfolgreicher Architekt geworden. Und grüßt mich heute noch.
Das ist etwas.
Er hat mich eingeladen, für sein Buch ein paar Zeilen zu schreiben.
Das ist mehr.

Scrivere d'architettura? Un senso di totale incompetenza!

Il disegno tecnico era il mio punto dolente - la geometria non faceva parte del mio metabolismo. Un dipinto vale a ispirarti, un progetto ti sa irritare; con un dipinto è possibile un dialogo - un progetto se ne rimane muto.

Ed ecco allora imperare quel senso di atavica diffidenza che attanaglia i signori della parola i quali - a loro dire - si gestiscono lo spirito oltre a fornir di forma e quelli che sanno gestire il cerchio, la materia. E i signori della parola danno i numeri, i quadratori del cerchio son potenti nella nostra società. E questo approfondisce il baratro.

E non è improbabile che ancora continui a pesare un pensare teologico che va individuando nel tecnico l'avversario della creazione divina. Gli architetti sono gli ultimi dei della creazione: costruiscono i nostri spazi vitali, le nostre abitazioni, i nostri insediamenti, i nostri paesaggi. Non possiamo fare a meno di popolare gli spazi scaturiti dal loro cervello, e questi spazi s'imprimono negli ambiti del nostro spirito.

Gli architetti sono gli ultimi dei della creazione. Ma questo loro dono è un onore od è una presunzione?

Io, personalmente, ritengo che un edificio sia un miracolo creativo, ne più né meno che una sinfonia od una poesia.

Certo, una convinzione del genere non sempre è accettata facilmente: non pochi architetti sono teste di cemento snaturate, che non san perdonare alla natura d'essere più perfetta di loro: si tratta di grezzi domestici dell'onnipresente, e tutt'altro che santo, spirito santo, vale a dire il profitto.

Karl Spitaler è stato un mio alunno. Un buon alunno, entusiasta, orgoglioso. C'erano campi d'attrito, e il liceo scientifico, a quei tempi, era ai suoi primi passi.

Mi trovavo assai spesso in svantaggio. Già! L'insegnante doveva essere più vecchio (ma non troppo vecchio!).

Più tardi, Karl è diventato architetto. E mi saluta ancor oggi. Chiamalo poco.

E m'ha chiesto di scriver due righe per il suo libro.
Già qualche cosa di più.

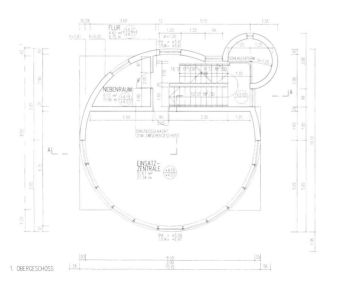

Die Kathedrale von Aiquile in Bolivien

La cattedrale di Aiquile in Bolivia

Am 22. Mai 1998 traf ein Erdbeben von gewaltiger Stärke Aiquile, eine Stadt mit ca. 25.000 Einwohnern im Hochland von Bolivien (ca. 3.500 m ü.d.M). Aiquile liegt ungefähr in der Mitte der Strecke von Santa Cruz nach La Paz.

Bischof Rosat weilte damals bei Papst Johannes Paul II. im Vatikan, als er diese Hiobsbotschaft erhielt.

Nach seiner unverzüglichen Rückkehr in die Bischofsstadt mußte er feststellen, daß 107 Einwohner unter den Trümmern starben und eine Stadthälfte völlig zerstört war.

Auf der Erdbebenlinie stand auch die Kathedrale von Aiquile. Bezeichnenderweise blieb ein Teil des Gebäudes stehen. Aus Sicherheitsgründen mußten jedoch auch diese "Überbleibsel" abgetragen werden.

In der Zeit danach bemühte sich Bischof Rosat um den Bau einer neuen Kathedrale. Zuerst wurde die Architekturfakultät in Chocabamba kontaktiert. Dies aber blieb ohne Erfolg und zog einen Zeitverlust nach sich. Auch der Versuch, mit Hilfe der bolivianischen Architektenkammer einen Wettbewerb zu organisieren, scheiterte.

Im Frühjahr 1999 traf Bischof Rosat den Bruder des verstorbenen Missionars Kassian Waldner in Brasilien, der zu mir Kontakt aufnahm. Zu Pfingsten besuchte mich Bischof Rosat in Südtirol, und nach einigen Arbeitsgesprächen sagte ich zu, das Projekt in die Hand zu nehmen.

Nach einem Lokalaugenschein im Juli 1999 nahm ich die Arbeit am Projekt in Angriff. Über das Internet wurden die ersten Pläne zugestellt.

Schon vor der Abreise nach Bolivien konnte ich einige Sponsoren und Gönner für das Projekt gewinnen. Natürlich versuche ich weiterhin, Geldmittel aufzutreiben, um den Bau der Kathedrale voranzutreiben.

Denn der Bau ist keine Selbstverherrlichung der Kirche oder des Bischofs. In Bolivien ist die Kirche für die Bewohner die einzige glaubwürdige Institution. Sie organisiert zusammen mit der Caritas in "Internados" regelmäßigen Schulunterricht und bezahlt die Lehrkräfte. Im Staatsgefüge gibt es diese Sicherheit nicht.

Der Bischof gibt in seinem Sitz in Aiquile und im Logistikzentrum in Chocabamba zahlreichen Einheimischen Arbeit. Die Hospitäler werden ebenso vom Bischof geführt. Sie stehen den Armen unentgeltlich zur Verfügung. Dieses wahre Christentum bewog auch mich, diesen Menschen meine Planungsarbeit zu übergeben.

Il 22 maggio 1998 un terremoto di notevole intensità sconvolse Aiquile, una cittadina di 25.000 abitanti situata sull'altipiano boliviano, a circa 3.500 metri d'altitudine. Aiquile si trova più o meno a metà strada fra Santa Cruz e La Paz.

Il vescovo Rosat, quando apprese la notizia, si trovava in Vaticano presso Papa Giovanni Paolo II.

Dopo l'immediato ritorno alla sua città vescovile, dovette constatare che 107 abitanti erano morti sotto le macerie, e che metà della cittadina era stata completamente distrutta.

La zona interessata dal sisma comprendeva anche la cattedrale di Aiquile. Ne rimaneva, significativamente, una parte dell'edificio. Per motivi di sicurezza, anche questi "residui" dovettero essere abbattuti.

In seguito, il vescovo Rosat si adoperò per la costruzione di una nuova cattedrale. Inizialmente vennero presi contatti con la facoltà di architettura di Cochabamba. Ma la cosa non ebbe seguito, e si rivelò una perdita di tempo. Anche il tentativo di organizzare un concorso con l'aiuto dell'ordine degli architetti boliviano non andò in porto.

Nella primavera del 1999 il vescovo Rosat ebbe un incontro con il defunto missionario Kassian Waldner, in Brasile, e quest'ultimo si mise in contatto con me. A Pentecoste il vescovo Rosat venne a trovarmi in Alto Adige, e dopo alcuni colloqui di lavoro accettai di occuparmi del progetto. Dopo un sopralluogo, nel luglio del 1999, misi mano al progetto.

Le prime bozze vennero inoltrate via Internet.

Ancora prima della partenza per la Bolivia potei trovare alcuni finanziatori e mecenati per il progetto. Ovviamente anche in seguito mi adoperai per reperire fondi che permettessero la ricostruzione della cattedrale.

Perché la costruzione non è un'autoesaltazione della chiesa o del vescovo. In Bolivia, per la gente la chiesa è l'unica istituzione credibile. In collaborazione con la Caritas, organizza, presso gli "internados", regolari corsi di studio, finanziandone gli insegnanti.

In ambito statale una sicurezza del genere non esiste. Il vescovo assicura numerosi posti di lavoro alla popolazione locale, sia nella sua sede di Aiquile che nel centro logistico di Cochabamba. Anche gli ospedali sono fatti funzionare dal vescovo, e prestano la loro gratuita assistenza ai non abbienti. E questo schietto atteggiamento cristiano ha convinto anche me a dare una mano a questa gente con il mio progetto.

```
Puya Raymungi - maravilla de los Andes

                    Aiquile, 8 luglio 1999

    Caro Sig. Karl,
          a te, alla moglie,
                 ai tuoi ragazzi,

    il mio sincero GRAZIE
          per la vostra disponibilità
                     e generosità
                        solidale
       verso la nostra MISSIONE in
                              Bolivia.
    La nuova CATTEDRALE-SANTUARIO DELLA
          MADONNA "DE LA CANDELARIA"
       rimarrà come ricordo perpetuo
              del vostra famiglia
       nel cuore della Bolivia: AIQUILE.
          Un caro saluto.
```

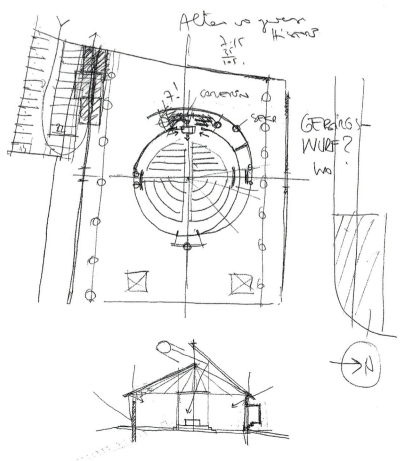

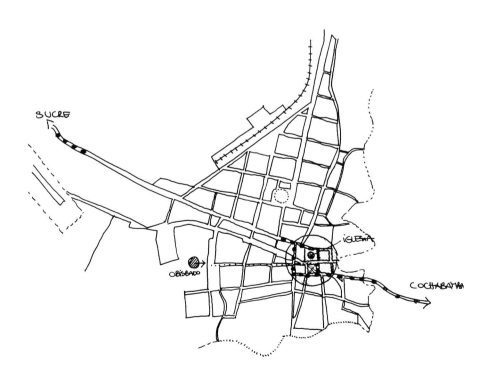

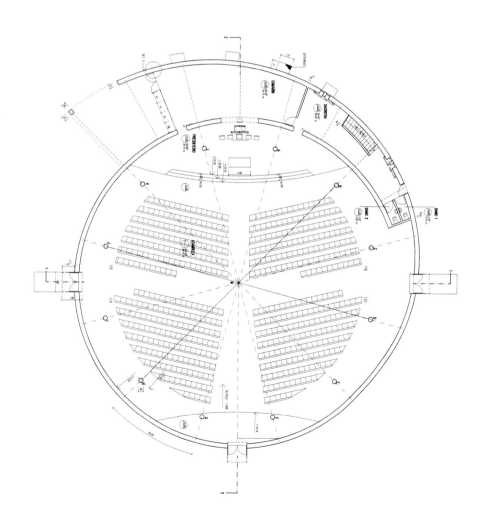

Villa Augusta
Toni Bernhart

Villa Augusta
Toni Bernhart

Der österreichische Schriftsteller Thomas Bernhard läßt in seiner Erzählung "Am Ortler" (1971) einen Luftschichtenfroscher und einen Zirkusartisten - die zwei sind Brüder - von Gomagoi über Unter- und Oberthurn, Razoi und Laganda nach Sulden hinein gehen und von dort auf den Scheibenboden hinauf, eine kleine Örtlichkeit im hintersten Rosimtal. Thomas Bernhard verwendet dafür dreiundzwanzigmal das Wort hinauf, dreiundzwanzigmal hinein und einundzwanzigmal vorwärts und weiter. Thomas Bernhard läßt seine Figuren von Gomagoi über Sulden auf den Scheibenboden gehen und dabei denken. Doch Gehen und Denken führen zum Wahnsinn. Die Bewegungen nach oben, nach vorne und hinein bedeuten das Zusteuern auf das Ende, den Wahnsinn und den Tod.

Als ehemaliger Hilfsarbeiter in jener Zimmerei, die die Holzarbeiten an Spitalers Villa Augusta ausgeführt hat, kenne ich das Innenleben dieses Gebäudes. Ich weiß, welche Schrauben die scheinbar schwebende Holzdecke halten, mit welcher Neigung das Sickerwasser über die Terrasse abgeleitet wird und welches Isoliersystem die ursprüngliche Autogarage - eine Schupf also - unter Beibehaltung der äußeren Schale - von außen immer noch eine Schupf - zu einem wohligen Ambiente auch im Suldener Winter macht.

Ich habe dabei das Ausgerichtetsein dieses unscheinbaren Gebäudes erlebt; habe aus der Blick-Richtung des Hauses heraus ins Suldental hinein gesehen und erfahren, daß - naturgemäß - die perspektivische Achse, auf der die Villa Augusta aufgefädelt ist, die Perspektive in Bernhards "Am Ortler" widerspiegelt. Die Villa Augusta liegt am selben Weg, den Bernhards Brüderpaar zurücklegt. Der Blick führt hinein, stößt drin an (der massige Talschluß von Hintersulden) und läßt den Betrachter - vorerst gebannt - fallen. Das An-Stoßen (in Hintersulden) erinnert an die Endlichkeit; Ausweichen ist nur möglich auf den Scheibenboden, der zum Programm wird, zum Existential, zum Ende, das gut ist oder schlecht, je nachdem.

Daß Architektur mit Raum zu tun hat, ist eine Binsenweisheit. Daß Literatur - in erster Linie! - auch mit Raum zu tun hat, dürfte sich als provokante These handeln lassen. Beide Räume, der architektonische und der literarische, sind Mensch-liche Räume; der Mensch also in seinem lebendigen Achsensystem aus Mitte und Peripherie, aus Bewegung zum Zentrum hin und zu den Rändern hinaus, ist der Seher und Interpret, der Zerstörer und Gestalter in einer Mensch-lichen Welt.

Und die Villa Augusta wird zu Folie: Dahinter zeigt sich: Die Architektur und die Literatur, zwei zunächst voneinander unabhängige Modelle, ergänzen einander und helfen, eins und das andere zu verstehen: Wirklichkeit und Fiktion, Gegebenes und Geschaffenes, das mit der Zeit und der Gewöhnung wieder zum Gegebenen wird, bedingen einander, sie führen zueinander und übereinander hinaus. Ein Zauberwürfel aus Beziehungen und Bezüglichkeiten als das komplexeste und doch geschlossenste System, in dem der Mensch leben darf und leben muß.

Lo scrittore austriaco Thomas Bernhard, nel suo racconto "Sull'Ortles" (1971), fa andare un meteorologo e un artista di circo - i due sono fratelli - da Gomagoi, attraverso Thurn di Sotto e Thurn di Sopra, Razoi e Laganda, fino a Solda e, di lì, li fa salire fino a Scheibenboden, una piccola località dell'ultimo tratto della val Rosim. Thomas Bernhard, qui, fa uso ventitre volte della parola "in su", altrettante di "in dentro", e ventuno di "in avanti" e "più in là". Il narratore fa andare i suoi personaggi da Gomagoi a Solda fino su a Scheibenboden, e, contemporaneamente, li fa pensare. Pure, andare e pensare conducono alla follia. I movimenti verso l'alto, in avanti e in dentro vogliono significare dirigersi verso la fine, la follia e la morte.

Quando, un tempo, lavoravo come aiutante presso la carpenteria che aveva portato a termine i lavori in legno a Villa Augusta, della famiglia Spitaler, avevo imparato a conoscere la vita interiore di quell'edificio, e la conosco ancora. So quali viti tengono ferma la copertura in legno, apparentemente sospesa, con quale inclinazione viene asportata l'acqua d'infiltrazione sulla terrazza, e quale sistema d'isolamento ha trasformato in un ambiente confortevole, anche nell'inverno di Solda, l'antica autorimessa, una legnaia, conservandone il rivestimento esterno, per lasciarne la fisionomia di legnaia.

Ho pertanto vissuto l'allestimento di quest'edificio poco appariscente, ho sperimentato, dalla direzione visuale esterna della casa verso Solda verso l'interno della valle, in quanto - in conformità della natura - l'asse prospettico sul quale viene a trovarsi villa Augusta fa da armonica antistrofe a "Sull'Ortles" di Bernhard. Villa Augusta si trova sulla stessa strada percorsa dai due fratelli di Bernhard. Lo sguardo vi penetra, e va a cozzare contro il massiccio all'estremità della valle dietro Solda, affrangendo l'osservatore, già annichilito da prima. Questo cozzare (dietro Solda) richiama alla mente la fine. Un'elusione è possibile soltanto sullo Scheibenboden, in direzione dell'esistenziale, della fine, che è buona o cattiva, a seconda dei casi.

Che l'architettura abbia a che fare con lo spazio è una verità lapalissiana. Che la letteratura - in prima linea! - abbia a che fare anche con lo spazio può sembrare una tesi provocatoria. Entrambi gli spazi, sia quello architettonico che quello letterario, sono spazi umani: l'uomo, dunque, nel suo vivente sistema d'assi cartesiani, centro e periferia, movimento centripeto e centrifugo, elemento di distruzione e di creazione in un mondo umano.

E Villa Augusta diventa un foglio trasparente: dietro sta scritto: architettura e letteratura, due modelli in primis reciprocamente autonomi, si completano a vicenda e ci aiutano a una duplice comprensione: realtà ed invenzione, dato e creato, che - grazie al tempo ed alla consuetudine - si ritrasforma in dato, si presuppongono vicendevolmente, portandosi l'un verso l'altro e l'un sopra l'altro. Un' àlea stregata di relazioni e di relatività, come il più complesso e al contempo il più chiuso dei sistemi, in cui all'uomo è concesso di vivere, ed in cui l'uomo e costretto a vivere.

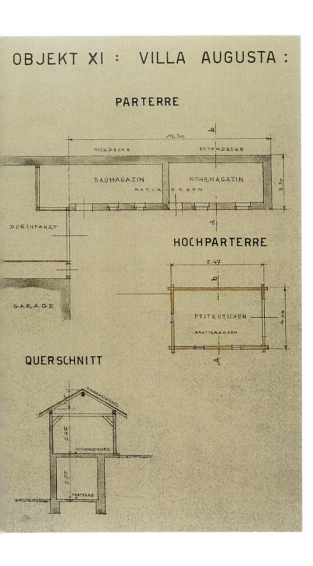

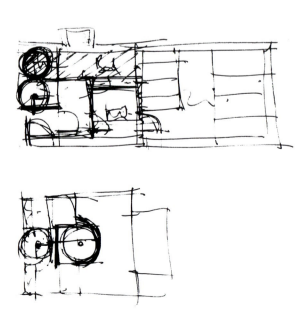

Villa Augusta
Gianni Bodini

Ich weiß nicht warum: Als ich die Villa Augusta zum ersten Mal sah, dachte ich an ein Schiff. Seltsam, daß mich gerade das Haus von Karl Spitaler und seiner Familie an ein Schiff denken läßt, wo es doch am Ortler steht. Ein sagenhaftes Gefährt, das - angeführt von einem unerschrockenen Kapitän - zu einer abenteuerlichen Reise ins Polarmeer aufbricht. Der kleine Holzbau steht auf Grundmauern, die halb im Suldner Dauerfrost stecken, und gleicht der Kommandobrücke, und die große, vorgelagerte Terrasse ist das Deck.

Karl kenne ich seit Jahrzehnten. Damals wußte er noch nicht, daß er jemals Architekt sein würde (Architekt bedeutet etymologisch in etwa ‚der Vorsteher der Bauarbeiter'). Wir wohnten beide in Schlanders, aber im Sommer verbrachte Karl die meiste Zeit im hinteren Martelltal bei Onkeln und Tanten. Er wird das riesige und großartige Gebäude bewundert haben, das am Ende dieses grünen Tales steht. Der bedeutende Architekt Gio Ponti hat in den dreißiger Jahren das Hotel Paradiso erbaut. Heute ist es eine Ruine.

Möglicherweise aber ist es die wilde und herrliche Natur, die Karl damals am meisten beeindruckt hat. Diese Natur, die er braucht, hat er in Sulden wiedergefunden. Von der Brücke, will sagen: von der Terrasse der Villa Augusta genießt man das majestätische Schauspiel der Gipfel, Gletscherbrüche und Wälder, genau wie von einem Eisbrecher aus, der sich in einem Fjord bewegt. Der Kapitän dieses Schiffes ist Karl, der den Blick mutiger Kapitäne hat. Zu seiner Familie - oder zur Schiffsbesatzung - gehören Maurizia mit ihrem mediterranen Charme und ihre zwei lebhaften Kinder. Es ist schön, den Gesprächen dieser Familie zu lauschen, wie auf den Forscherschiffen hört man mehrere Sprachen sprechen. Und getreu der besten Seefahrertradition sind sie stets bereit, die Schiffbrüchigen, denen sie auf ihrem Kurs begegnen, aufzunehmen; auf unerwartete Gäste ist die Kombüse immer bestens vorbereitet.

Ja, diese Holzhütte ist wirklich ein Schiff, das auf oftmals rauher See dahinfährt. Die Spitalers aber sind nicht auf der Suche nach der legendären Nord-West-Passage, sondern auf der wahrscheinlich anspruchsvolleren Suche nach Gemeinschaft.

An Bord der Villa Augusta, von Karl mit viel Gespür wiederhergestellt, hat man den Eindruck, als befinde man sich auf einer Reise, auch auf einer Reise durch die Zeit, und der Eindruck ist so stark, dass ich bisweilen den Duft des Meeres rieche... Das kommt von der Architektur, welche die Summe aller Künste ist oder zumindest sein müßte.

Villa Augusta
Gianni Bodini

Non so perché, ma dalla prima volta che ho visto villa Augusta, l'ho associata ad una nave. Può sembrare assurdo che proprio il rifugio di Karl Spitaler e della sua famiglia, posto ai piedi di ghiacciai che scendono dall'Ortler, venga associato ad un battello. Un vascello fantasma di quelli che, guidati da impavidi capitani, si avventuravano nei mari polari. La piccola costruzione in legno, posta sopra un basamento semisommerso nel permafrost di Solda, assomiglia proprio al ponte di comando e l'ampia terrazza prospicente é la coperta. Conosco Karl da decenni quando lui ancora non immaginava di diventare architetto, parola composta che vuol dire il primo, il capo... appunto. Abitavamo entrambi a Silandro e lui usava passare buona parte dell'estate in alta Val Martello, da certi zii. E proprio al termine di questa verde valle avrà ammirato l'enorme e splendido edificio, oggi in rovina, noto come Hotel Paradiso, costruito da un geniale architetto, negli anni trenta: Gio Ponti. Ma forse di quel periodo sono i ricordi di una natura selvaggia e splendida che sono rimasti più impressi a Karl; quella natura che ritrova, e della quale ha bisogno oggi, a Solda. Dal ponte, ovvero dalla terrazza di villa Augusta si può godere uno spettacolo maestoso di cime, seracchi e boschi, proprio come da un rompighiaccio in navigazione in un fiordo. Il capitano di questo battello é lui, che dei capitani coraggiosi ha lo sguardo ceruleo, ma fanno parte della famiglia, o dell'equipaggio, Maurizia con il suo charme mediterraneo e i due figli dotati di vivacità creativa. È bello ascoltare i dialoghi di questa famiglia, che come gli equipaggi di quelle navi di esploratori, si intende in diverse lingue. E ligi alla migliore tradizione marinara essi sono sempre pronti ad accogliere a bordo i naufraghi che trovano sulla loro rotta, e per gli inaspettati ospiti, la cambusa é ben fornita.

Sì, questa casetta è proprio una nave che naviga in mari spesso burrascosi, ma gli Spitaler non sono alla ricerca del mitico passaggio nordovest, ma di quello, forse ancora più impegnativo della convivenza.

Insomma a bordo di villa Augusta, ristrutturata con grande tatto da Karl si ha l'impressione di compiere un viaggio, anche nel tempo, e la suggestione é così forte che a volte mi pare di sentire l'odore del mare...

Anche ciò viene dall'architettura, la somma delle arti, almeno così dovrebbe essere.

113

Gedanken und Erinnerungen   Scritti e ricordi

Wenn der Architekt zum Berg gehen muß
Ein Essay
1996

Quando l'architetto deve andare alla montagna
Un saggio
1996

Heute lesen sich die Postkartengrüße aus dem Urlaub so ähnlich wie jene von Honoré de Balzac vor anderthalb Jahrhunderten: "Indessen hatte ich eine schrecklich schöne Reise gemacht, es ist gut, daß ich sie hinter mich gebracht habe." Solche Grüße lesen sich ähnlich wenn sie aus Gröden, aus dem Burggrafenamt oder dem Überetsch kommen, um die blassen daheimgebliebenen vor Neid erröten zu lassen. Nur sind sie anders gemeint.

Schön ist nicht mehr die erhabene Stille und Einsamkeit einer dem Menschen verwehrten Welt, die einen Goethe, Caspar David Friedrich oder Karl Friedrich Schinkel inspiriert hat. Schön ist, wenn man in Obereggen an der gut beschallten Pistenbar Wodka inklusive Feige schlürft, angetan mit bunten und buntesten Textilien. Und schrecklich, das sind nicht mehr die Unannehmlichkeiten des Reisens mit der Postkutsche auf abenteuerlichen unbefestigten Trampelpfaden. Schrecklich allein ist, daß die anerkannte "Skimetropole Südtirol" in Bozen noch keinen internationalen Flughafen besitzt. Manches mag sich geändert haben, seit die Alpen zwischen Genua und Wien jährlich durch den kollektiven Gipfelsturm von 100 Millionen Bergtouristen erobert werden.

Ob winterliches Snowboarding oder sommerliches Cross-Golfen, eines ist inmitten dieses riesigen Abenteuerspielplatzes bewahrt worden: die Sehnsucht nach erbaulicher wie erbauter Romantik, nach Hüttenzauber und Zirmstube, nach architektonischem Alpenglühen und krachlederner Baukunst.

Nur so ist es zu erklären, warum das traditionelle Bauernhaus niemals dem fortschrittlichen Bauernhaus weichen mußte.

Der Fortschritt endet beim Aufstieg, dort wo die Luft dünn wird, auch für die Baukultur. Es ist paradox: erst haben hochmoderne Bauten der Ingenieurbaukunst - Brücken, Straßen, Zahnradbahnen, Liftstationen - die Eroberung der ehemals unbezwingbaren Bergwelt vorangetrieben und jetzt werden die gleichen Eroberer verhüllt und zur Romantikstaffage degradiert.

Aus Gründen der touristischen Rendite. Aus Bauern wurden Hoteliers, aus Technikern Jodler, aus Bauernhäusern Bettencontainer. Der Wiener Architekt Adolf Loos hat schon 1913 in seinen Regeln für den, der in den Bergen baut, geschrieben: "Baue nicht malerisch. Überlasse solche Wirkung den Mauern, den Bergen und der Sonne… Baue so gut wie Du kannst."

So gut wie sie konnten, ihrer Zeit gemäß.

Im wahren Sinn "modern" haben zu Beginn unseres Jahrhunderts einige namhafte Architekten Bauten von Ruf geschaffen. Innerhalb der Moderne konnten sich in den alpinen Regionen vor allem die Organiker durchsetzen. Nicht um kubische Strenge, um Standardisierung oder Normierung ist es ihnen gegangen, sondern um den sensiblen Umgang mit dem vorgefundenen Ort und der traditionellen Handwerkskunst.

Der besondere Bauort in den Alpen brachte eine besondere Formensprache des neuen Bauens hervor, quasi einen Dialekt. Dies war eine Mundart, die Touristen verstanden haben und Einheimische sprechen konnten. Luis Welzenbacher war einer, der besonders in Tirol Bauten von dynamischer Eleganz geschaffen hat. In einer seiner wenigen Schriften erläutert er seine Entwurfsprinzipien.

Oggi si leggono i saluti sulle cartoline dai luoghi di villeggiatura più o meno come, un secolo e mezzo fa, si leggevano quelli di Balzac. "Intanto ho fatto un viaggio spaventosamente bello, e sono contento di aver vissuto una simile esperienza". Saluti del genere si leggono allo stesso modo se provengono dalla val Gardena, dal Burgraviato o dall'Oltradige, per fare arrossire d'invidia il pallore di chi è rimasto a casa.
Soltanto che sono pensati in maniera diversa.
Bella non è più la solennità del silenzio e della solitudine d'un mondo proibito agli uomini, da cui hanno tratto ispirazione Goethe, Caspar David Friedrich o Schinkel. È bello quando si sorseggia vodka tutto compreso al bar della pista ben sonorizzata ad Obereggen, tutti agghindati con tute sgargianti. E spaventose non sono più le seccature del viaggio in diligenza su piste avventurosamente malsicure. Spaventoso è soltanto che la riconosciuta "metropoli sciistica dell'Alto Adige" non abbia ancora un aeroporto internazionale a Bolzano.
Dev'essere cambiato qualche cosa, da quando le Alpi, tra Genova e Vienna, vengono sommerse dalle tempeste d'alta quota dei cento milioni annui di turisti di montagna. Ma, sia che si tratti dello snowboard invernale che del cross o del golf della bella stagione, una cosa si è tuttavia conservata in questo avventuroso campo giochi:
È la nostalgia del romanticismo edificante ed edificato, dell'incanto delle baite e delle stube di cirmolo, dei bagliori alpestri dell'architettura e degli artigiani in calzoni di cuoio. Solo così si può comprendere perchè la casa dei contadini tradizionale non abbia mai ceduto di fronte alla moderna fattoria.
Il progresso si ferma dove comincia l'ascesa, dove l'aria si fa sottile. E questo anche per quanto riguarda l'architettura. Si tratta d'un paradosso: costruzioni modernissime, portenti dell'ingegneria civile - ponti, strade, cremagliere, stazioni funiviarie hanno accelerato la conquista dell'un tempo indomabile mondo montano, ed ora gli stessi conquistatori s'ammorbidiscono, degradandosi a figure romantiche. Alla base ci sono i capitali prodotti dal turismo.
I contadini sono diventati albergatori, i tecnici strimpellatori e le case dei contadini contenitori di letti. L'architetto viennese Adolf Loos, già nel 1913, scriveva nelle sue regole per chi costruisce in montagna: "Non costruire in modo pittoresco. Lascia questa funzione ai muri, alle mòntagne ed al sole ... Costruisci al meglio delle tue possibilità".
Al meglio delle loro possibilità, commisurate ai tempi.
Nel senso effettivo di "moderno", all'inizio del secolo alcuni famosi architetti hanno creato costruzioni che hanno fatto epoca. Nell'ambito del moderno, nelle regioni alpine si sono imposti, innanzitutto, gli organici. Non si sono fermati al rigore cubico, alla standardizzazione o alla normalizzazione, ma si sono innalzati alla sensibilità del rapporto con il luogo in cui si sono venuti a trovare e con l'artigianato artistico tradizionale. La particolarità del luogo nel quale costruire - le Alpi - ha prodotto un linguaggio formale tutto peculiare nella nuova architettura, quasi un dialetto. Si trattava di un vernacolo che i turisti sapevano capire e i locali parlare.
A Luis Wenzelbacher si deve, soprattutto in Tirolo, la creazione di edifici di dinamica eleganza. In uno dei suoi pochi scritti, egli si esprime sui

Die Architektur muß durch drei Beziehungen definiert werden:
1. zum Terrain
2. zur Funktion und
3. zu den Erwartungen der Bewohner.

Dieser letzte Punkt ist die Frage nach Sein oder Nichtsein der modernen Alpin-Architektur, denn die heutigen Bewohner sind keine mehr, es sind die Besucher von morgen. Ein Silberstreif am Horizont?

Ja! Auch deshalb, weil die Hoteliers allerorten über rückläufige Besucherzahlen jammern. Und weil sie den spürbaren Tendenzen hin zum "intelligenten und sanften Alpentourismus" bald entsprechen werden müssen. Der Berg wird auch in naher Zukunft nicht zum Propheten/Architekten kommen.

Aber immerhin: der Berg ruft!

suoi principi di progettazione: l'architettura dev'essere definita attraverso tre relazioni:
1. con il territorio
2. con la funzione
3. con le aspettative degli abitatori.

Quest'ultimo punto costituisce il dilemma tra essere e non-essere della moderna architettura alpina, in quanto non esistono più abitatori attuali, ma visitatori futuri. Una striscia d'argento all'orizzonte? Sì!

Anche perché gli albergatori, dovunque, non fanno che lamentarsi del calo delle presenze. Ed anche perché, prossimamente, dovranno andare incontro alle tendenze, sempre più avvertibili, d'un "intelligente e tranquillo turismo alpino". Anche nel prossimo futuro, la montagna non cadrà tra le grinfie degli architetti-profeti.

Ad ogni buon conto, il richiamo della montagna!

Überlegungen zu meiner Architektur
1997

Considerazioni sulla mia architettura
1997

Ich meine, daß Dialoge stattfinden müssen. Auch in der Architektur muß es zwischen dem Gestern und dem Heute Spannungen geben. Die Anpassung, auch wenn sie noch so geschickt imitiert, entwertet in den meisten Fällen die vorhandene historische Architektur.

Architektur löst und löste immer die gleichen Probleme.

Ich versuche mit unseren Mitteln und Konstruktionen im geistigen Umfeld von heute die gestellten Aufgaben zu lösen. Ich unternehme immer wieder den Versuch, das Material und seine Struktur geltend zu machen, Rhythmus, Proportionen, Ordnung, Symmetrie und Maßstäblichkeit anzuwenden. Ich schöpfe die Möglichkeiten aus, die Licht und Schatten bieten. Gerade die historischen Bauten verlangen mit ihrer Vielfältigkeit und Vielseitigkeit, daß wir mit Phantasie und Freude darauf reagieren.

Es kann keine Architektur um der Architektur willen geben.

Es ist stets ein Herantasten. Mit unseren Erfindungen und unseren Wünschen müssen wir die historische Substanz beleben. Der Wert dieser Architektur liegt in der Vielfalt und Qualität der Details. Die Differenzierung durch scheinbar gleiche Elemente schafft den Unterschied, in den historisch gewachsenen Städten, den Klosteranlagen, den Burgen, den Dörfern.

Die Individualität, die dadurch entsteht, ist durch eine übergeordnete Verbindlichkeit geprägt: den Zeitgeist. Er war niemals Tarnung oder Imitation. Deshalb glaube ich, daß die Probleme in der Architektur und in unseren Städten gelöst werden können: nicht aber durch Tarnung und Imitation oder durch einen falsch verstandenen Individualismus.

Das bedeutet im Grunde Egoismus.

È questa la mia convinzione: bisogna stabilire dei dialoghi. Anche nel campo dell'architettura ci vogliono tensioni tra il passato e il presente. L'adattamento - ed anche quando diventi una perfetta imitazione- nella maggior parte dei casi va ad inficiare l'architettura storica, che già ci sta di fronte. L'architettura vale - come è sempre valsa - a risolvere i problemi che sempre si sono presentati. Sto cercando - con i nostri mezzi e le nostre costruzioni - di risolvere i compiti assegnati secondo un contesto mentale oggi attuale. È mia cura costante il tentativo di adattare in modo valido i materiali e la loro struttura, il ritmo, le proporzioni, l'ordine e la simmetria, come ogni conformità di scala. Voglio sfruttare ogni possibilità che le luci e le ombre mi possano offrire. E sono proprio le costruzioni antiche, circondate dal loro contesto, che ci inducono, con la loro molteplicità di valenze e d'angolazioni, a farci reagire con gioiosa fantasia. Non può esistere un'architettura esterna alla volontà di fare architettura.

È un continuo avvicinarsi a tentoni. Dobbiamo ravvivare la sostanza storica con le nostre scoperte e le nostre istanze. Il valore di questa architettura risiede nella molteplicità e nella qualità dei dettagli. La differenziazione attraverso i distinguo tra elementi a prima vista uguali, vale a creare la differenza, e può trattarsi di città cresciute nella storia, o di complessi monastici o di castelli o di villaggi. L'individualità che ne viene a scaturire è impregnata d'un carattere vincolante superiore, che è lo spirito del tempo. Non si è mai trattato di cammuffamento o d'imitazione. Per questo ritengo che i problemi, in architettura, come nelle nostre città, possano trovar soluzione: non certo, comunque, nel cammuffamento, nell'imitazione o in un qualche malinteso individualismo.

Bauen im Vinschgau
1986

Costruire in Val Venosta
1986

Kennzeichnend für das heutige Bauen ist die Beliebigkeit, mit der die einzelnen Bauten gesetzt werden. Sie scheinen austauschbar, und ihr Dortsein am jeweiligen Ort ist mehr oder weniger zufällig. Im Gegensatz dazu müssen wir gerade heute unsere Aufmerksamkeit darauf lenken, daß dieses Teilsein ein notwendiges Verflochtensein und ein Eingefügtsein in ein größeres Ganzes bedeutet.

Dieses Eingefügtsein in einen größeren Zusammenhang gibt den Einzeldingen und den Einzelheiten erst Charakter und so dem Ort, an dem sie sich befinden. Es wird nicht bemerkt, daß der Teil verhaftet ist dem Ort und der Landschaft, zu dem er gehört. Erst auf diese Weise nimmt er eine ganz bestimmte Stelle in diesem Ganzen ein, mit den sich daraus ergebenden Leistungen und Verpflichtungen zum Ganzen. So erscheinen bestimmte Landschaften als Gestalt - Ganzheit, gerade im VINSCHGAU. Sehen Sie die Räume mit geschlossenen Augen, in denen Sie wohnen?

Hat Architektur gewisse Inhalte, oder ist sie auch nur eine abstrakte Kunst. Warum sind jene Personen, die über Literatur, Malerei oder Kunst so vieles wissen, in Sachen Architektur dermaßen "ungebildet"?

Jeder Intellektuelle würde erröten, wenn er ein Bild von Henri Matisse oder Pablo Picasso nicht erkennen würde. Es macht ihm aber nichts aus, wenn er ein Werk von Richard Neutra oder Kenzo Tange nicht erkennt. Die Tageszeitungen widmen der Neuvorstellung eines Buches ganze Seiten. Jede Zeitschrift, die etwas von sich hält, bringt Rubriken über Theater, Film etc. Aber Architektur ist und bleibt die große Vergessene. Wie es keine angemessenen Möglichkeiten gibt, gute Architektur zu verbreiten, so gibt es auch keine Mittel, die verhindern, schlechte Architektur zu realisieren. Das Desinteresse der Öffentlichkeit der Architektur gegenüber muß nicht als gegeben hingenommen werden. Es gibt natürlich Schwierigkeiten, Liebe zur Architektur unter die breite Masse zu bringen. Vor allem gibt es die materielle Unmöglichkeit, Bauwerke zu sammeln, wie es bei Kunstwerken möglich ist.

Ein Tourist in einer fremden Stadt sieht sich nach einem Prinzip der Situierung die einzelnen Gebäude an: Tempel, frühchristliche Basiliken, barocke Kirchen...

Und wer von uns wäre in der Lage, eine gotische Kathedrale zu übersehen, weil an einem Tag nur romanische Gebäude auf dem Programm stehen? Es ist möglich, aus ganz Europa die Bilder eines Tizian zu sammeln und in einer einzigen Ausstellung zu zeigen. Aber Architektur von Johann Balthasar Neumann oder die des Vinschgaus muß man mit der eigenen physischen Anstrengung "zusammentragen". Und das fordert eine Begeisterung. Diese Begeisterung für die Architektur fehlt.

Sie fehlt auch unter den Architektenkollegen. Obwohl mitten in der Materie, fehlt vielen das Wissen, um in einer sachlichen Diskussion über Architekturgeschichte oder Architekturkritik mitreden zu können.

Es versteht sich von selbst, daß dabei nicht zwei verschiedene Maße für eine Beurteilung von alter und neuer Architektur verwendet werden können.

Es wäre ein großer Schritt getan, wenn wir imstande wären, die gleichen Bewertungskriterien anzuwenden für zeitgenössische Architektur und für jene, die vor Jahrhunderten gebaut worden ist.

Große Fehler werden begangen, wenn die Architektur als Skulptur oder

Una caratteristica dell'architettura moderna è la casualità con la quale si impostano i singoli edifici, che appaiono come scambiabili: il loro essere lì in un certo posto è più a meno casuale. Proprio oggi, al contrario, dobbiamo indirizzare la nostra attenzione sul fatto che questo esser parte significa esser parte di una trama necessaria e di un modo di inserimento in un tutto più grande.

Questo essere in quanto inserimento soltanto conferisce alle cose singole, alle singolarità, un carattere specifico, come anche al luogo nel quale esse si trovano. Non si riesce ad osservare che la parte è vincolata al luogo ed al paesaggio ai quali appartiene. Soltanto in questo modo la parte viene ad assumere una posizione completamente definita nel tutto, insieme con il quale si vanno ad instaurare funzioni ed obblighi reciproci fra la parte ed il tutto. Così compaiono determinati paesaggi come forma - totale e proprio in VAL VENOSTA!

Vedete lì - ad occhi chiusi - le stanze nelle quali abitate? L'architettura possiede determinati contenuti, o si tratta solamente di arte astratta.

Perché molte persone, dotate di grande cultura letteraria, pittorica od artistica, si ritrovano poi tanto "incolti" in campo architettonico?

Ogni intellettuale arrossirebbe di vergogna, se non riconoscesse un quadro di Henri Matisse o di Pablo Picasso. Ma poco gli interessa se non riconosce un'opera di Richard Neutra o di Kenzo Tange. I quotidiani dedicano pagine intere alla presentazione d'un nuovo libro. Ogni rivista che in qualche modo si rispetti riporta rubriche teatrali, cinematografiche ed altro ancora. Ma l'architettura è, e rimane, la grande dimenticata. Come non esistono possibilità adatte alla diffusione della buona architettura, mancano anche i mezzi che consentano di evitare la realizzazione della cattiva architettura.

Il disinteresse del pubblico nei confronti dell'architettura non deve essere accettato giusto perché è così. Certo, ci sono delle difficoltà a divulgare l'amore per l'architettura di fronte al grande pubblico. Innanzitutto manca la possibilità materiale di collezionare opere architettoniche, come avviene invece nel caso delle opere d'arte.

In una città che non sia la sua, un turista si regola secondo un principio che si basa sulla distribuzione dei singoli edifici: templi, basiliche protocristiane, chiese barocche ... E chi di noi sarebbe in condizione di non vedere una cattedrale gotica, se nel tal giorno sono in programma solo edifici romanici? È possibile raccogliere dall'Europa intera i quadri di un Tiziano, per presentarli in un'unica esposizione. Ma l'architettura di Johann Balthasar Neumann o quella della val Venosta possono essere "raccolte" soltanto grazie agli sforzi fisici da parte dell'interessato. Ma questo richiede entusiasmo. E, per quanto riguarda l'architettura, quest'entusiasmo è assente. Ed è assente anche in molti colleghi architetti. Sebbene addetti ai lavori, a molti manca la competenza che permetta loro di portare il proprio contributo in una reale discussione intorno alla storia dell'architettura o alla critica dell'architettura.

È lapalissiano che, in quest'ambito, non si possano utilizzare pesi e misure diversi nel giudicare la vecchia e la nuova architettura.

Sarebbe un notevole passo avanti se fossimo in condizione di adottare gli stessi criteri di valutazione per l'architettura moderna e per quella che ha visto la luce secoli or sono.

Malerei beurteilt wird, also nur äußerlich und oberflächlich. Harmonie, Proportion, Symmetrie und Rhythmus drücken nur Begriffskategorien aus, der Inhalt muß gefühlt werden. In der Malerei z.B. spricht man von zwei Dimensionen, bei der Skulptur spricht man von drei Dimensionen, der Mensch steht jedoch außerhalb als Betrachter. In das dreidimensionale Vokabular muß der Mensch miteinbezogen werden. Die Architektur ist wie eine große Hohlskulptur, in die der Mensch eintritt und in der er sich bewegen kann.

Wenn Sie ein Haus bauen wollen, zeigt der Architekt ihnen Ansichten, Grundrisse, Schnitte usw. Er zerlegt Ihnen die Vorstellung des Gebäudes. Durch diese Art der Präsentation aber verkümmert das räumliche Darstellungsvermögen. Ich persönlich ziehe es vor, dem Bauherrn ein Modell oder im Notfall eine Perspektive zu zeigen, damit das räumliche Element herausgearbeitet werden kann.

Um hier das Beispiel der Malerei - Architektur fortzusetzen, ist z.B. dieses Zerlegen der Gebäude in Grundrisse mit der Angabe der Rahmenmaße für die Erläuterung des Bildes gleichzusetzen.

Was ist Architektur?

Was ist nicht Architektur?

Ist es richtig, Architektur und künstlerisches Bauen gleichzusetzen, oder Nichtarchitektur mit schlechter Architektur? Oder anders: ist der Unterschied zwischen Architektur und Nichtarchitektur nur ein abstraktes Urteil? Und was ist die Räumlichkeit, die so wichtig für die Architektur zu sein scheint? Wieviele Dimensionen hat sie?

Erst wenn wir unseren Ort verstehen, sind wir zu schöpferischer Teilnahme und Mitwirkung an seiner Geschichte fähig. Eine Vergangenheit - gleichgültig ob diese aus Gedanken, Denkmälern oder Ereignissen besteht - aufzubewahren, ist das Kennzeichen einer steril gewordenen Kultur. Die Tradition wurzelt nur im Verständnis der Gegenwart.

Si va incontro ad una serie di gravi errori giudicando l'architettura come scultura o pittura, cioè in senso soltanto esteriore e superficiale. Armonia, proporzioni, simmetria, ritmo significano nient'altro che categorie concettuali per cui è il contenuto che va "sentito". Nella pittura, per esempio, abbiamo a che fare con due dimensioni, nella scultura con tre, e l'uomo se ne rimane comunque all'esterno, in veste di osservatore. Nel linguaggio tridimensionale l'uomo dev'essere inglobato. L'architettura è come una grande scultura internamente vuota, entro la quale l'uomo possa entrare e in cui si possa muovere.

Se volete costruire una casa, l'architetto vi esterna dei punti di vista, delle piante, delle sezioni e quant'altro. Vi presenta una scomposizione della costruzione. Ma una presentazione del genere ne va ad intristire il potere rappresentativo. Personalmente mi adopero per presentare al committente un modello o, se necessario, una figurazione prospettica, affinché se ne possa estrapolare l'elemento spaziale.

Che cos'è architettura?

Che cosa non è architettura?

È giusto porre sullo stesso piano architettura ed arte della costruzione, o non architettura e cattiva architettura? In altri termini: la differenza fra architettura e non architettura è soltanto un giudizio astratto? E che cos'è la spazialità, che appare di tanta importanza per l'architettura? E di quante dimensioni è costituita? Soltanto quando abbiamo capito i nostri luoghi siamo in grado di partecipare e collaborare in modo creativo alla loro storia. Un passato - e non importa se esso sia costituito di pensieri, di monumenti o di eventi - da conservare: questo è il carattere distintivo d'una cultura divenuta sterile. La tradizione affonda le sue radici soltanto nella comprensione del presente.

Gedanken
Ein Architekt aus dem Vinschgau ist leicht der Beschränktheit verhaftet
1999

Pensieri
È facile che su un architetto della val Venosta, della provincia, possa gravare il peso della limitatezza
1999

Man sagt auch, auf dem Lande gehen die Uhren langsamer. Hier muß alles langsam heranreifen. Schnelle Lösungen imponieren den Gästen, mit denen man ins Gespräch kommen könnte, doch hier sind sie nicht leicht möglich. Man muß Geduld haben, verhandeln, überzeugen, Kompromisse eingehen.

Nach dem Ersten Weltkrieg wurde im Vinschgau eigentlich sehr wenig gebaut. Es waren die zum Leben notwendigen Bauernhäuser, abgesehen von den wenigen Hotelbauten in den zwanziger und dreißiger Jahren. Nach der Wirtschaftskrise kam der Zweite Weltkrieg. Auch der hinterließ tiefe Spuren in diesem Tal, sodaß erst nach dem Wiederaufbau ein immenser Nachholbedarf an Wohnbauten und Infrastrukturen entstand. Leider, oder Gott sei Dank, gab es in dieser Zeit sehr wenige Planer und Architekten, die von auswärts kamen und hier bauten.

Ich hatte das Glück, von einem Luis Stefan Stecher, einem Friedrich Gurschler und einem Karl Grasser in der Schule betreut zu werden. Letzteren möchte ich als meinen Lehrmeister, nicht nur im schulischen Sinne, bezeichnen. Er war jener, der mich in meiner Architektur bestätigte.

È facile che su un architetto della val Venosta, della provincia, possa gravare il peso della limitatezza. E si sente anche dire che, nel "contado", gli orologi funzionino più lentamente. Soluzioni rapide fanno effetto sugli ospiti con i quali si possa venire in contatto verbale. Non è facile che qui siano possibili. Bisogna avere pazienza, discuterci sopra, essere convincenti, scendere a compromessi. In seguito alla prima guerra mondiale, in verità, si è costruito ben poco. Se si eccettuano le poche costruzioni alberghiere degli anni Venti e Trenta, si trattava soltanto di case di contadini necessarie alla sopravvivenza. E, dopo la crisi economica, ecco la seconda guerra mondiale, la quale, a sua volta, ha lasciato tracce profonde in questa valle, tanto che solo dopo l'inizio della ricostruzione si è sviluppata un'immensa necessità di recupero di case d'abitazione e di infrastrutture. Per disgrazia - o per fortuna - a quei tempi era assai esiguo il numero dei progettisti / architetti di fuori che progettarono nella valle. Ho avuto la fortuna di godere dell'assistenza scolastica di un Luis Stefan Stecher, di un Friedrich Gurschler, di un Karl Grasser. E vorrei indicare quest'ultimo come il mio Maestro, e non solo in senso scolastico. Proprio nella mia fase creativa, Karl Grasser è stato colui che, con il suo esempio, mi ha corroborato nella mia architettura.

Ein Kind
2000

Un bambino
2000

Als Dreijähriger lief ich über die Wohnungstreppe im Gasthaus Schwarzer Adler / Trögerwirt, das meiner Großmutter gehörte. Ich ließ meine neue Schiefertafel genau dann fallen, als ich Angst bekam, sie könnte hinunterfallen - und sie war kaputt.
Nach siebenundvierzig Jahren kehre ich wieder dorthin zurück. Weil dieses Haus abgerissen wird und dann nur noch Erinnerungen bleiben.
Verblüffend. Die Räume waren so wie in meiner Erinnerung, ein bißchen kleiner, enger. Aus einer höheren Perspektive - Stiege, Geländerung, Bodenbelag, nicht vorhandenes Licht - die Gaststube.
Oben im Wohngeschoß das kleine Schlafzimmer meiner Eltern und das Vorzimmer. Hier durften meine Schwestern und ich schlafen, wenn wir krank waren.
Das Portal in meiner Erinnerung, ein Scheunentor, gibt es nicht mehr. Oder es hat nie eines gegeben, nur in meiner Phantasie.
Aber das dachbündige Fenster war noch da, wo ich eines Nachts einen Geist sah, der vom Dach in mein Zimmer kam.
Es muß mein Vater gewesen sein. Vielleicht hat er etwas repariert, dort draußen.
Die Gestalt war blau gekleidet. Mein Vater trug stets blaue Arbeitshosen. Nie die Tiroler Schürze.
Das Geschoß über unserer Wohnung ist in meiner Erinnerung gedreht. Ich ging als Kind immer frontal darauf zu, jetzt muß ich zwei Drehungen von 90 Grad machen. Obwohl nie etwas geändert worden ist.
Meine ersten Eindrücke von der Architektur -
heute, nach bald einem halben Jahrhundert, verstanden und fotografiert.

A tre anni stavo salendo di corsa la scala che conduceva all'appartamento nell'osteria Aquila Nera / Tröger, appartenente a mia nonna. E mi cadde di mano la lavagnetta, proprio nel preciso istante in cui mi venne paura che mi cadesse. La lavagnetta andò in pezzi. Ed eccomi tornare dopo quarantasette anni. Sì, perché questa casa viene demolita, e ne sopravvivono solo i ricordi. È straordinario.
I vani erano simili a quelli del ricordo, un po' più piccoli e stretti. Da un punto di vista più elevato - scala, ringhiera, sottotetto in assenza di luce, la sala per gli ospiti.
Lassù, nel piano abitato, la piccola camera da letto dei miei genitori e l'anticamera. Qui potevamo dormire, mia sorella ed io, quando eravamo ammalati.
Il portale dei miei ricordi, la porta d'un fienile, non esiste più. O forse non è mai esistito, se non nella mia fantasia.
Ma la finestra a livello del tetto c'era ancora, dove una volta ho visto uno spirito, entrato nella camera dal tetto.
Ma doveva trattarsi di mio padre. Forse era andato sul tetto a far delle riparazioni.
La forma era vestita di blu. Mio padre indossava sempre pantaloni blu da lavoro. Mai un grembiule tirolese.
Il piano sopra il nostro appartamento è impresso nella mia memoria. Da bambino ci salivo sempre dritto, adesso devo fare due curve ad angolo retto. Eppure tutto non è mai stato modificato.
Le mie prime impressioni sull'architettura –
comprese e fotografate adesso, dopo quasi mezzo secolo.

Geplante und ausgeführte Arbeiten **Progetti ed opere realizzate**

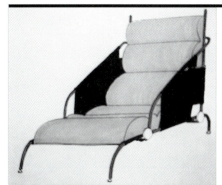

Dunlupillo Student Designer Award (1975)

Poltroletto, Sitz- und Liegesessel
London
Als Student erste Teilnahme an einem Wettbewerb für einen Sitz- und Liegesessel.

Dunlupillo Student Designer Award (1975)

Poltroletto, poltrona e letto
Londra
Da studente, prima partecipazione ad un concorso per una poltrona-letto.

Josef-Frank Stipendium (1975)

Wettbewerb Rauhensteingasse
Wien
Interessante schwierige Baulücke mit großem Innenhof.

Josef Frank - borsa di studio (1975)

Concorso Rauhensteingasse Vienna
Vienna
Interessante e difficile realizzazione di un vano con grande cortile interno.

B. Schlorhaufer (1974)

Jugendzimmer
Innsbruck
Für die Tochter von Prof. W. Schlorhaufer

B. Schlorhaufer (1974)

Stanza ragazzi
Innsbruck
Per la figlia del prof. W. Schlorhaufer.

E. Wielander (1977)

Wohnhaus Projekt
Schlanders

E. Wielander (1977)

Casa d'abitazione progetto
Silandro

Grundseminar (1970)

Reihenwohnhaus
Bei Prof. A. Wanko

1. Progettazione (1970)

Casa a schiera
Presso il prof. A. Wanko

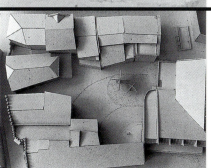

Entwerfen 4 (1974)

Bei Prof. Barth
Brixen
Auseinandersetzungen mit der Architektur und dem Professor.

Progettazione 4 (1974)

Presso il prof. Barth
Bressanone
Discussione con l'architettura e con il professore.

Fam. W. Spitaler (1978)

Erweiterung Wohnhaus/Elternhaus
Schlanders
Meine Eltern boten mir die Möglichkeit, die ersten Gehversuche bei der Erweiterung unseres Wohnhauses zu unternehmen.
Mit allen möglichen Problemen.

Fam. W. Spitaler (1978)

Ampliamento casa d'abitazione/casa paterna
Silandro
I miei genitori mi offrirono la possibilità di affrontare i miei primi passi nel tentativo di ampliamento della nostra abitazione.
Dio sa con quali problemi.

J. Gamper (1978)

Hotelneubau Projekt
Schlanders
Leider nur ein Projekt geblieben.
An dessen Stelle wurde ein anonymes Mehrfamilienhaus realisiert.

J. Gamper (1978)

Hotel progetto
Silandro
Purtroppo l'impresa si fermò allo stadio progettuale. Al suo posto fu realizzata un'anonima casa plurifamiliare.

Gemeinde Latsch (1979)

Mehrzweckgebäude
Latsch/Goldrain
Der damalige Bürgermeister Dr. Bauer gab unserem Büro die Chance, ein kleines Verwaltungsgebäude zu errichten.

Comune di Laces (1979)

Edificio plurifunzionale
Laces/Coldrano
Il sindaco d'allora, dott. Bauer, offrì al nostro studio la possibilità di realizzare un piccolo edificio di rappresentanza.

Fam. M. Kofler (1979)

Wohnhaus Neubau
Schluderns

Fam. M. Kofler (1979)

Casa d'abitazione nuova costruzione
Sluderno

Wohnbaugenossenschaft St. Franziskus (1979)

Wohnanlage Neubau
Schlanders
Die „Seilbahnstationen" waren für Schlanders revolutionär.

Cooperativa St. Franziskus (1979)

Casa a schiera in cooperativa
Silandro
Le "Stazioni della funivia", per Silandro, erano qualche cosa di rivoluzionario.

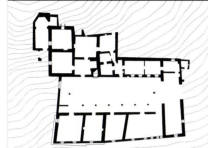

Gemeinde Schlanders (1979)

Schloß Schlandersburg Bauaufnahme
Schlanders
In dieser Zeit betreute unser Büro Bauaufnahmen denkmalgeschützter Objekte durch Studenten der Universität Innsbruck.

Comune di Silandro (1979)

Castel Schlandersburg rilievo
Silandro
In questo periodo il nostro studio si occupò di commissioni edilizie relative a manufatti soggetti alla tutela dei monumenti, con la collaborazione di studenti dell'università di Innsbruck.

Pfarrgemeindeamt (1979)

Pfarrwidum Sanierung
Schlanders
Zeitlich sehr weitläufige Sanierung der Kommende von Schlanders.

Consiglio parrocchiale (1979)

Parrocchia risanamento
Silandro
Velocissima ristrutturazione della Commenda di Silandro.

Fam. F. Sailer (1980)

Wohnhaus
Schlanders
Als Folgeauftrag zur Wohnbaugenossenschaft St. Franziskus. Aufnahme von Architekturelementen aus dem Vinschgau.

Fam. F. Sailer (1980)

Casa d'abitazione
Silandro
Incarico continuativo da parte della cooperativa di edilizia abitativa St. Franziskus. Ricorso a elementi architettonici della val Venosta.

W. Spechtenhauser (1980)

Geschäft Umbau
Schlanders
In diesen Baulichkeiten wurden mir als Kind die Haare geschoren.

W. Spechtenhauser (1980)

Negozio ristrutturazione
Silandro
In questi edifici, da bambino, mi venivano tagliati i capelli.

Fam. K. Verdross (1980)

Ladurnhof Sanierung
Schlanders
Der denkmalgeschützte Hof aus dem 15. Jahrhundert ist das Nachbargebäude meines Geburtshauses Tröger - Trögerwirt (Schwarzer Adler).

Fam. K. Verdross (1980)

Ladurnhof risanamento
Silandro
L'edificio, sottoposto a tutela, risalente al XV secolo, si trova in posizione limitrofa della mia casa natale, Tröger (Aquila Nera).

Fam. Steiner (1980)

Wohnhaus
Schlanders/Kortsch

Fam. Steiner (1980)

Casa d'abitazione
Silandro/Corces

O. Grünmandl (1980)

Geschäft Umbau
Hall in Tirol
Otto Grünmandl war vielseitig. Unter anderem auch Textilfachmann. Ich durfte sein denkmalgeschütztes Geschäft umbauen.

O. Grünmandl (1980)

Negozio ristrutturazione
Hall in Tirol
Otto Grünmandl era una persona poliedrica. Era, tra l'altro, anche un imprenditore tessile. Ho avuto la possibilità di ristrutturare il suo negozio, soggetto a vincolo di tutela.

Fam. J. Tappeiner (1981)

Wohn- und Geschäftshaus
Schlanders
Erster großer Auftrag am Damml. Das war der Platz vor meinem Geburtshaus.

Fam. J. Tappeiner (1981)

Edificio d'abitazione e di commercio
Silandro
Primo incarico di rilievo al Damml, la piazza prospiciente la mia casa natale.

Fam. J. Hauser (1981)

Landwirtschaftliche Hofstelle
Laas
Über diesen Bauernhof schrieb Arch. Gadner:…
„Arch. Spitaler hat mit dem Bau aufgezeigt, wie man, ohne in die Klischee-Dümmelei zu verfallen, Bauten für die Landwirtschaft realisieren kann"…

Fam. J. Hauser (1981)

Maso
Lasa
A proposito di questa casa di contadini, l'arch. Gadner ha scritto: …"Con questa costruzione, l'arch. Spitaler ha dimostrato come sia possibile la realizzazione di edifici agricoli senza scadere nella banalità della brutta imitazione"…

Fam. R. Asper (1981)

Wohnhaus Sanierung
Kastelbell/Tschars

Fam. R. Asper (1981)

Casa d'abitazione risanamento
Castelbello/Ciardes

Dr. L. Unterholzer (1981)

Wohnanlage Projekt
Völlan
Interessante Bauherren. Die Realisierung scheiterte an der lokalen Verwaltung.

Dr. L. Unterholzer (1981)

Alloggi in cooperativa progetto
Foiana
Committenti interessanti. L'iniziativa naufragò per difficoltà da parte dell'amministrazione locale.

Raiffeisenkasse Schlanders (1982)

Bankgebäude Neubau und Einrichtung
Schlanders
Bereits im Projekt als bauliche Einheit mit dem Wohn- und Geschäftshaus Tappeiner gedacht. Es folgt der Kurve des Damml und gestaltet den Ort, an dem wir als Kinder gespielt haben.

Cassa rurale di Silandro (1982)

Banca nuova costruzione ed arredamento
Silandro
Già pensato come tutt'unico edilizio con l'edificio di abitazione e di commercio Tappeiner. Si snoda lungo la curva del Damml, e raffigura il luogo dove giocavamo da bambini.

G. Thurin (1982)

Geschäfte Umbau
Schlanders
Typisches Geschäftshaus einer alten Kaufmannsfamilie, die in jeder Generation umbaute.

G. Thurin (1982)

Negozi ristrutturazione
Silandro
Tipica costruzione commerciale d'un'antica famiglia di commercianti, che ricostruiva ad ogni generazione.

M. Pirhofer (1983)

Boutique
Schlanders

M. Pirhofer (1983)

Boutique
Silandro

Fam. R. Fundneider (1983)

Wohnhaus Neubau
Laas

Fam. R. Fundneider (1983)

Casa d'abitazione nuova costruzione
Lasa

Gemeinde Schlanders (1983)

Volksschule, Kindergarten
Schlanders/Göflan
Der erste und einzige Auftrag meiner
Heimatgemeinde.
Arch. Dietl federführend.

Comune di Silandro (1983)

Scuola elementare, scuola materna
Silandro/Covelano
Il primo ed unico incarico affidatomi dal mio
comune di residenza.
Responsabile: arch. Dietl.

Fam. P. Giongo (1983)

Wohnhaus Neubau
Schlanders

Fam. P. Giongo (1983)

Casa d'abitazione nuova costruzione
Silandro

L. Sommavilla (1983)

Parfümerie
Schlanders
Geschäftshaus (Apotheke) am Hauptplatz. Mit
Spiegelspiel Licht in die Kellerräume geholt.

L. Sommavilla (1983)

Profumeria
Silandro
Edificio commerciale (farmacia) sulla piazza
principale. Luce nei vani sotterranei ottenuta
con giochi di specchi.

Fam. P. Laimer (1983)

Wohnhaus Umbau
Schlanders

Fam. P. Laimer (1983)

Casa d'abitazione ristrutturazione
Silandro

Fam. A. Gruber (1983)

Wohnhaus Werkhalle Neubau
Schlanders/Kortsch
Auf einem Sonnenhang unterhalb Karl Grassers
Wohnhaus gelegen. Geländebeschaffenheit im
Entwurf genutzt.

Fam. A. Gruber (1983)

Casa d'abitazione con laboratorio
Silandro/Corces
Situata sopra un pendío esposto al sole, sotto la
casa di Karl Grasser. La progettazione si è
avvalsa della configurazione del terreno.

Gemeinde Schlanders (1983)

Friedhof Erweiterung
Schlanders
Langewährende Diskussion, ob der Ortsfriedhof nach außerhalb des Dorfes verlegt werden soll. Die Entscheidung, den Friedhof im Ort zu lassen war dann richtig. Im Norden des Pfarrwidums wurde die Erweiterung realisiert. Urbanistisch ideal als Fußgängerverbindung für die Göflaner und die Bewohner der Erweiterungszone. Ein Friedhof zum Verweilen mit Gras, Bänken und Bäumen mitten im Dorf.

Comune di Silandro (1983)

Cimitero ampliamento
Silandro
Annosa discussione circa la opportunità di trasferire il locale cimitero in un'area esterna al paese. Si giunse poi alla giusta conclusione di mantenerlo nella vecchia sede. L'ampliamento venne realizzato a nord della casa parrocchiale. Urbanisticamente ideale come collegamento pedonale sia per i residenti che per gli abitanti dell'area di espansione. Un cimitero al centro del paese, dove potersi trattenere fra l'erba, i fiori e gli alberi.

Fam. W. Meister (1983)

Hotel Irma
Meran
Ein Projekt, das im Entwurfsstadium geendet hat.

Fam. W. Meister (1983)

Hotel Irma
Merano
Un progetto rimasto sulla carta.

Fam. U. Capellini (1983)

Wohnhaus
Rabland
Beinahe märchenhafte Voraussetzungen. Bauherren in Afrika, Architekt als Generalunternehmer. Doppelwohnhaus auf dem letztem freien Baugrundstück.

Fam. U. Capellini (1983)

Casa d'abitazione
Rablà
Condizioni quasi da favola: i committenti in Africa e l'architetto come impresario con pieni poteri. Doppia casa d'abitazione sull'ultimo terreno edificabile rimasto libero.

Wohnbauinstitut (1983)

26 Wohnungen
Schlanders
Auftrag in einer noch fast unverbauten Wohnbauzone. Der Versuch, einen Straßenraum zu schaffen, blieb durch die weitere Verbauung auch ein solcher. Wenigstens die Autos unterirdisch verstaut. Darüber Freifläche für Kinder.

Istituto per l'edilizia abitativa agevolata (1983)

26 appartamenti
Silandro
Incarico in un'area edificabile ancora quasi vergine. Il tentativo di tracciare un percorso stradale rimase sulla carta, in seguito all'edificazione successiva. In compenso le automobili sono sistemate sotto terra, lasciando spazio libero per i bambini.

R. Messner (1983)

Schloß Juval Sanierung
Kastelbell/Tschars
Bauherr und Objekt gehören zum Interessantesten während meiner Tätigkeit als Architekt.

R. Messner (1983)

R. Messner
Castel Juval risanamento
Castelbello/Ciardes
Committente ed oggetto, quando sto operando come architetto, sono al culmine dei miei interessi.

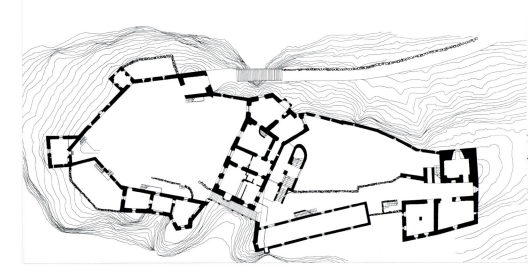

134

Gemeinde Martell (1984)

Klosterhäusl
Martell
Bürgermeister Altstätter, der an die Zukunft denkt, ließ in Martell das erste Altenwohnheim errichten.

Comune di Martello (1984)

Casa per anziani
Martello
Il sindaco Altstätter, con gli occhi rivolti al futuro, ha disposto la costruzione, in val Martello, della prima casa d'accoglienza per anziani.

Schöneben AG (1984)

Bergrestaurant Planung
Reschen
Das Projekt habe ich als Rettungsanker verstanden, um die üblichen Tennishallen und Restaurants im hochalpinen Raum zu verhindern. Erfolglos.

Schöneben s.p.a. (1984)

Ristorante di montagna progetto
Resia
Ho inteso il progetto come ancora di salvezza, per evitare i soliti campi da tennis coperti e i ristoranti tipici di certe altitudini alpine.
Ma senza risultato.

Macmoter AG (1984)

Industriegebäude
Schlanders/Vezzan
Die Hochkonjunktur des Unternehmens machte die Erweiterung wahrscheinlich notwendig. Als Projekt abgelegt.

Macmoter s.p.a. (1984)

Fabbricato industriale
Silandro/Vezzano
L'alta congiuntura imprenditoriale ha probabilmente reso necessario un ampliamento. Smesso in fase progettuale.

Cofini, Dr. Florineth, Pichler, Tumler (1985)

Wohnanlage
Schlanders
Wegen ihrer Konstellation wurde meinen Bauherren durch die Gemeindeverwaltung eine beinahe unverbaubare Bauparzelle zuge wiesen.

Cofini, Dr. Florineth, Pichler, Tumler (1985)

Case a schiera in cooperativa
Silandro
In seguito a un concorso di circostanze, i committenti si videro assegnare dall'amministrazione comunale una particella edilizia pressoché inedificabile.

Gemeinde Martell (1985)

Freizeitanlage Trattla
Martell
Trattla im Talbecken des Martelltales. Vom damaligen Bürgermeister für die Zukunft gewollt. Mittlerweile baue ich mit der 3. Verwaltung langsam der Fertigstellung entgegen.

Comune di Martello (1985)

Impianto per il tempo libero Trattla
Martello
Trattla, nel fondovalle della val Martello. Un desiderio per il futuro del sindaco dell'epoca. Nel frattempo - nel corso della terza amministrazione - sto provvedendo lentamente ad un completamento.

Fam. Mazzotta/Spitaler (1985)

Wohnung Umbau
Bozen
Eigener Bauherr unseres Domizils zu sein, hat Vor- und Nachteile.

Fam. Mazzotta/Spitaler (1985)

Appartamento ristrutturazione
Bolzano
Essere al contempo il committente ed il proprietario del proprio domicilio può provocare effetti positivi ma anche negativi.

Fam. Hofer/Santer (1985)

Wohnhaus
Laas

Fam. Hofer/Santer (1985)

Casa d'abitazione
Lasa

Hotel Garberhof (1985)

Platzgestaltung, CD
Mals
Ein in Architektur qualitätsbewußter Bauherr übergab mir den Auftrag für die Außengestaltung des Hotels.

Hotel Garberhof (1985)

Arredo esterno, CD
Malles
Un committente, bene addentro nella qualità delle tecniche architettoniche, mi ha affidato l'incarico della sistemazione esterna del suo albergo.

B. Gemassmer (1985)

Gasthof Weißes Kreuz
Schlanders
Traditionsbeladenes Gasthaus. Die hohen Zielsetzungen des Bauherren trübten schlußendlich das Resultat.

B. Gemassmer (1985)

Albergo Croce Bianca
Silandro
Ristorante d'antica tradizione. Le pretese eccessive del committente hanno alla fine inficiato i risultati.

Preiss Christine OHG (1985)

Geschäft
Schlanders
Erster Kontakt mit der Unternehmerfamilie Preiss-Fuchs war der Geschäftsumbau im Gebäude des Weißen Kreuzes mit verkaufstechnischen Kriterien.

Preiss Christine s.n.c. (1985)

Negozio
Silandro
Il primo contatto con la famiglia d'imprenditori Preiss-Fuchs è stato in occasione della ristrutturazione dell'esercizio commerciale nell'edificio della Croce Bianca condotta secondo criteri commerciali.

Denkmalamt Verona (1986)

Schloß Kastelbell Bauaufnahme
Kastelbell/Tschars
Damals war das Schloß im Besitz des staatlichen Denkmalamtes Verona. Die Anlage sollte Sommerresidenz des damaligen Staatspräsidenten Cossiga sein.

Soprintendenza di Verona (1986)

Castel Kastelbell rilievo
Castelbello/Ciardes
All'epoca il castello era sotto tutela da parte dell'ufficio per la conservazione dei monumenti di Verona. La sistemazione sarebbe stata destinata a residenza estiva per l'allora Presidente della Repubblica Cossiga.

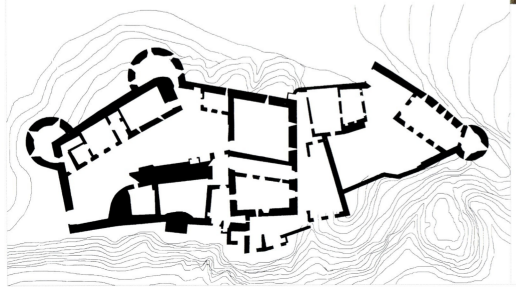

Boscheri, Bedin, Castegnaro, Largher, Veronesi (1986)

Wohnanlage
Neumarkt/Laag
Durch die Grundzuweisung zufällig zusammengewürfelte Bauherren besitzen nun eine Wohnanlage, die trotz Grundwasser eine Tiefgarage besitzt.

Boscheri, Bedin, Castegnaro, Largher, Veronesi (1986)

Case a schiera
Egna/Laghetti
In seguito all'assegnazione di aree, committenti trovatisi insieme per caso sono ora in possesso di un complesso residenziale che, nonostante la presenza d'acqua, dispone di un garage sotterraneo.

W. Schuster (1986)

Wohnhaus Umbau
Schlanders

W. Schuster (1986)

Casa d'abitazione ristrutturazione
Silandro

G. Fuchs (1986)

Wohnhaus Umbau
Latsch

G. Fuchs (1986)

Casa d'abitazione ristrutturazione
Laces

Salon Reinhard Planung (1986)

Friseursalon Planung
Kastelbell/Tschars

Salon Reinhard progettazione (1986)

Salone progettazione
Castelbello/Ciardes

F. Lair (1986)

Hofstelle Sanierung
Latsch/Tarsch

F. Lair (1986)

Maso risanamento
Laces/Tarres

Autonome Provinz Bozen (1986)

Schloß Tirol Bauaufnahme/Brandschutz
Dorf Tirol
Im Zuge der neuen Brandschutzgesetzgebung war auch die Landesverwaltung verpflichtet, ihre Besitzungen vermessen zu lassen.

Provincia Autonoma di Bolzano (1986)

Castel Tirolo rilievo/progetto
Tirolo
Nel rispetto delle nuove disposizioni antincendio, anche l'amministrazione provinciale era tenuta ad osservarle, nella sistemazione delle proprietà di sua competenza.

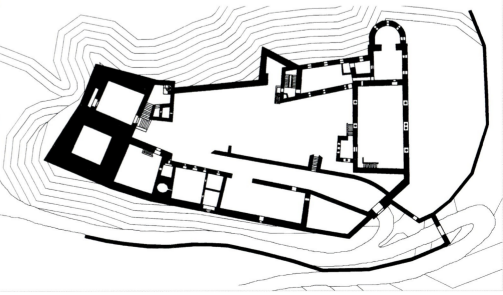

Angerer/Spitaler (1987)

Villa Augusta
Stilfs/Sulden
In einem Gebäudekomplex aus der Jahrhundertwende konnten wir unser Domizil in den Bergen (Sulden) realisieren.

Angerer/Spitaler (1987)

Villa Augusta
Stelvio/Solda
In un complesso edilizio risalente al periodo a cavallo fra i due ultimi secoli, abbiamo potuto dar corpo alla nostra residenza in montagna in quel di Solda.

Autonome Provinz Bozen (1987)

Schloß Feldthurns Bauaufnahme/Brandschutz
Feldthurns
Schloßanlage aus dem 16. Jahrhundert

Provincia Autonoma di Bolzano (1987)

Castel Velturno rilievo/progetto antincendio
Velturno
Sistemazione d'un castello del XVI secolo

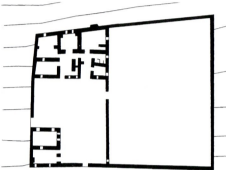

Fam. J. Wiesler (1987)

Wohnhaus Umbau
Taufers im Münstertal

Fam. J. Wiesler (1987)

Casa d'abitazione ristrutturazione
Tubre

Gemeinde Taufers im Münstertal (1987)

Mehrzweckgebäude Planung
Taufers im Münstertal
Langwieriger und komplizierter Planungsablauf für eine vorgeschlagene einfache Lösung.

Comune di Tubre (1987)

Edificio plurifunzionale progettazione
Tubre
Decorso prolungato e complicato d'un progetto che avrebbe presupposto una soluzione molto semplice.

Forst AG (1987)

Schutzhütte Borromeo Umbau/Planung
Martell
Das alpine Domizil aus meiner Jugendzeit.

Forst s.p.a. (1987)

Rifugio Borromeo ristrutturazione/progetto
Martello
Il domicilio alpestre della mia prima età.

Dr. S. Wegmann (1987)

Büro Einrichtung
Bozen

Dott. S. Wegmann (1987)

Ufficio arrredamento
Bolzano

Fam. A. Fabbricotti (1987)

Wohnung Umbau
Meran

Fam. A. Fabbricotti (1987)

Casa d'abitazione ristrutturazione
Merano

138

Fam. Dr. C. Baur (1987)

Wohnung Umbau
Bozen

Fam. Dott. C. Baur (1987)

Appartamento ristrutturazione
Bolzano

M. Cossu (1987)

Autohaus Planung
Sardinien

M. Cossu (1987)

Autosalone progettazione
Sardegna

Dr. P. Tappeiner (1987)

Büro Umbau
Schlanders

Dott. P. Tappeiner (1987)

Ufficio ristrutturazione
Silandro

Fam. R. Sinn (1987)

Wohnhaus Sanierung
Kaltern
Mein einziger Neubau, der bereits denkmalgeschützt ist (Absurdität der Gesetzgebung).

Fam. R. Sinn (1987)

Casa d'abitazione risanamento
Caldaro
La mia unica nuova ristrutturazione sottoposta a tutela dei monumenti (Le assurdità delle norme vigenti).

Fam. P. Laimer (1987)

Hotel zur Linde Umbau
Schlanders
Ein seit den 60-er Jahren jährlich erweitertes Hotel brannte im Jänner 1987. Zu Ostern 1987 zogen die ersten Gäste ein. Seither wird nach einem Gesamtkonzept jährlich umgebaut.

Fam. P. Laimer (1987)

Hotel zur Linde ristrutturazione
Silandro
Una parte dell'albergo, ampliato nel corso degli anni Sessanta, é stata distrutta da un'incendio nel gennaio 1987. A Pasqua dello stesso anno vi soggiornarono i primi ospiti. Da allora si provvede a ristrutturazioni a scadenza annuale.

Fam. Graf J. Trapp (1987)

Churburg Bauaufnahme/Brandschutz
Schluderns
Die Bekanntschaft mit dem Bauherrn J. Graf Trapp stammt aus meiner Studentenzeit in Innsbruck. Seitdem sein Haus- und Schloßarchitekt.

Fam. J. Conte Trapp (1987)

Castel Coira rilievo/progetto antincendio
Sluderno
La consuetudine con il committente conte J. Trapp risale agli anni dei miei studi ad Innsbruck. Da allora sono l'architetto della sua casa e del suo castello.

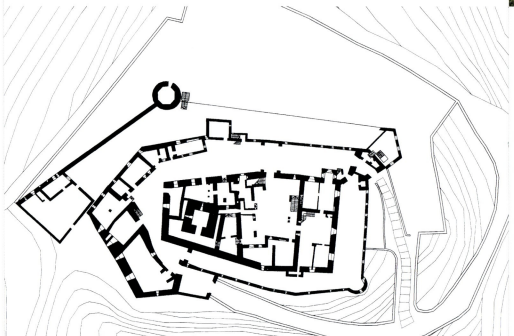

G. + G. Boscheri (1987)

Doppelwohnhaus
Neumarkt/Laag
Die Gesetzgebung des geförderten Wohnbaus wirkt im allgemeinen einschränkend. Hier konnte zusammen mit den beiden Bauherrinnen ein zweigeschossiger Wohnraum mit Galerie unter einer leicht geschwungenen Dachform realisiert werden.

G. + G. Boscheri (1987)

Casa doppia d'abitazione
Egna/Laghetti
La normativa sull'edilizia agevolata si rivela in genere limitativa. Qui è stata possibile la realizzazione, d'accordo con le due committenti, di un soggiorno a due piani con galleria sormontata da una copertura di forma leggermente arcuata.

Fuchs AG (1987)

Geschäftsumbau Keramarket
Sinich
Die baufällig wirkende Fassade der Lagerhalle erhielt ein imageträchtiges Gesicht.

Fuchs s.p.a. (1987)

Sede commerciale Keramarket ristrutturazione
Sinigo
La facciata pericolante del capannone è stata dotata di un aspetto decoroso.

Preiss Christine OHG (1987)

Wohn- und Geschäftshaus Umbau
Meran
Hinter dem Vinschger Tor in Meran konnte eine Passage geschaffen werden (Durchgang).

Preiss Christine s.n.a. (1987)

Casa d'abitazione e di commercio ristrutturazione
Merano
È stata possibile la realizzazione di un passaggio pedonale dietro Porta Venosta a Merano.

Gemeinde Martell (1987)

Altes Spital Planung
Martell

Comune di Martello (1987)

Vecchio ospedale progetto
Martello

I. Schgör (1987)

Werkstatt Umbau
Taufers im Münstertal

I. Schgör (1987)

Officina ristrutturazione
Tubre

Fam. J. Weiss (1988)

Wohn- und Geschäftshaus
Schlanders
Ein zentral gelegenes Geschäftshaus wurde durch eine Gesamtunterkellerung erweitert und umgebaut.

Fam. J. Weiss (1988)

Casa d'abitazione e di commercio
Silandro
Una casa commerciale in posizione centrale è stata ampliata e ristrutturata con la costruzione di uno scantinato che ne occupa l'intera superficie di base.

Sportverein Laag (1988)

Sportplatz
Neumarkt/Laag

Sportverein Laag (1988)

Impianto sportivo
Egna/Laghetti

Fam. F. Pichler (1988)

Wohnhaus
Latsch/Tarsch
Interessante Familie und gleichermaßen der Entwurf. Zentraler Wohnraum zweigeschossig, Schlafräume über Galerie unter dem Zeltdach.

Fam. F. Pichler (1988)

Casa d'abitazione
Laces/Tarres
Interessanti sia la famiglia che la progettazione. Soggiorno centrale a due piani, camere da letto sopra la galleria, sotto un tetto a padiglione.

Fam. P. Melchiori (1988)

Wohnhaus Umbau
Tramin
Eingang und Veranda zeigen den sichtbaren Eingriff.

Fam. P. Melchiori (1988)

Casa d'abitazione ristrutturazione
Termeno
Ingresso e veranda evidenziano l'intervento.

Preiss Christine OHG (1988)

Geschäft Calovini Umbau
Meran
Ein Brotgeschäft auf 11 m² Verkaufsfläche. Theke in Glas, Rest transparent. Mittelalterliche Fresken während der Arbeiten entdeckt.

Preiss Christine s.n.a. (1988)

Negozio Calovini ristrutturazione
Merano
Un panificio con 11 mq. di superficie di vendita. Bancone in vetro, il resto trasparente. Nel corso dei lavori sono venuti alla luce affreschi medioevali.

Autonome Provinz Bozen (1989)

Verkehrsberuhigung Martell
Martell
Projekt aus dem Jahre 1989, das 2001 wieder aktuell und realisiert wird.

Provincia Autonoma di Bolzano (1989)

Intervento sul traffico Martello
Martello
Progetto risalente al 1989, ridiventato attuale e realizzato nel 2001.

**Bertoldin/Gluderer/Gurschler/
Ladurner/Perkmann/Pinggera/
Rieger/Zerzer** (1989)

Wohnanlage
Laas
Zufällig zusammengewürfelte Bauherren erhalten ein Reihenhaus mit Tiefgarage. Darüber die nach Süden orientierten Gärten. Die Balkonkonstruktion bereits als Wintergarten konzipiert.

**Bertoldin/Gluderer/Gurschler/
Ladurner/Perkmann/Pinggera/
Rieger/Zerzer** (1989)

Casa a schiera in cooperativa
Lasa
Committenti unitisi per caso hanno ottenuto delle case a schiera con garage sotterraneo, sopra il quale si estendono giardini esposti a sud. La struttura dei balconi è concepita come giardino d'inverno.

Fam. Graf J. Spiegelfeld (1989)

Schloß Schenna Sanierung
Schenna
Schloß Schenna lag bis zum Einzug der Fam. Graf Spiegelfeld in der Anonymität brach. Heute ein Juwel im Burggrafenamt mit unschiedlichsten Aktivitäten.

Fam. Conte J. Spiegelfeld (1989)

Castel Scena risanamento
Scena
Fino all'arrivo della famiglia dei conti Spiegelfeld, castel Scena era rimasto anonimo e trascurato. Oggi è un gioiello del Burgraviato, con le più svariate attività.

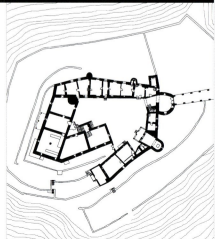

142

Fam. Huber-Schwarz (1989)

Hotelumbau
Terlan

Fam. Huber-Schwarz (1989)

Hotel ristrutturazione
Terlano

Fam. S. Wallnöfer (1989)

Wohnhaus Umbau
Prad
Die Schlafgalerie ist über eine Sambastiege erreichbar. Der Gemeindearzt war dagegen.

Fam. S. Wallnöfer (1989)

Casa d'abitazione ristrutturazione
Prato
La galleria notte è raggiungibile mediante una scala "Samba". Il medico condotto era contrario.

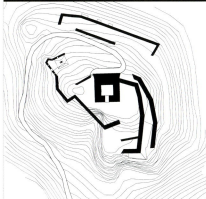

Fam. Dr. A. Schinzel (1989)

Burg Eschenlohe Sanierung
St. Pankraz
Graf Trapp veräußerte die Burg an Prof. A. Schinzel. Wegen der fehlenden Zufahrt wurde eine Materialseilbahn errichtet. Behinderung von Seiten der meisten Verwaltungen. Wohnturm über 6 Geschosse. Mittlerweile das Hauptdomizil der neuen Bauherren.

Fam. Dott. A. Schinzel (1989)

Castel Eschenlohe risanamento
San Pancrazio
Il conte Trapp cedette la rocca al prof. A. Schinzel. A causa dell'assenza di una via d'accesso, fu costruita una teleferica per il trasporto dei materiali. La maggior parte delle amministrazioni ha sollevato difficoltà. Torre abitabile di sei piani. Nel frattempo era il domicilio principale del nuovo committente.

Preiss Christine OHG (1990)

Betriebs- und Verwaltungsgebäude
Kastelbell/Tschars
Neuer Produktions- und Verwaltungssitz des aufstrebenden Bäckereibetriebes Preiss. Gewölbte Gitterträger in Stahl überspannen die Halle. Der erste Bau in Sichtmauerwerk im Vinschgau.

Preiss Christine s.n.a. (1990)

Sede commerciale ed amministrativa
Castelbello/Ciardes
Nuova sede produttiva ed amministrativa dell'ambiziosa azienda panificatrice Preiss. Travi a volta in acciaio sovrastano l'officina. La prima opera in muratura a vista della val Venosta.

Fam. T. Holzner-Thöni (1990)

Hofstelle Umbau
Schlanders/Vezzan
Über die lange Planungs- und Bauzeit hat sich ein herzliches Verhältnis zur Familie Holzner-Thöni entwickelt. Die Kinder wachsen heran, und die Bedürfnisse werden von Zeit zu Zeit angepaßt.

Fam. T. Holzner-Thöni (1990)

Maso ristrutturazione
Silandro/Vezzano
Nel corso dei lunghi tempi di progettazione e costruzione, si è andata consolidando una cordiale amicizia con la famiglia HolznerThöni. I bambini crescevano insieme, e le esigenze, di volta in volta, coincidevano.

Wieser-Meister (1990)

Betriebs- und Wohnhaus
Schlanders/Vezzan
In der schlecht gestarteten Industriezone von Schlanders war es möglich, durch eine Doppelhalle für Handwerker Dimensionen zu schaffen, die den Industriehallen Paroli bieten.

Wieser-Meister (1990)

Edificio con abitazioni ed officine
Silandro/Vezzano
Nella zona industriale, partita con il piede sbagliato, di Silandro è stata possibile la realizzazione di un capannone che in dimensioni e disposizione possa confrontarsi con gli altri insediamenti della zona.

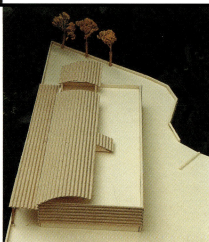

Autonome Provinz Bozen (1991)

Kapuzinerkloster Sozialakademie
Bozen
Ein Langzeitprojekt über fast 10 Jahre Planungs- und Bauzeit. Die Patres haben eine andere Bauzeit vorgegeben: ohne archäologische Funde.

Provincia Autonoma di Bolzano (1991)

Accademia sociale Convento Cappuccini
Bolzano
Un progetto a lungo termine, durato, fra progettazione e durata dei lavori, oltre dieci anni. I padri avevano previsto una diversa durata dei lavori, senza quei ritrovamenti archeologici.

Fam. J. Spechtenhauser (1991)

Betriebsgebäude Planung
Schlanders

Fam. J. Spechtenhauser (1991)

Edificio con laboratorio progettazione
Silandro

Raiffeisenkasse Tschars (1991)

Schalterhalle Umbau
Kastelbell/Tschars

Cassa rurale di Ciardes (1991)

Banca ristrutturazione
Castelbello/Ciardes

Fam. Zisser (1991)

Hotel Eberlehof Planung
Bozen

Fam. Zisser (1991)

Hotel Eberlehof progettazione
Bolzano

Fam. K. Bernhard (1991)

Hotel Sand Planung
Kastelbell/Tschars

Fam. K. Bernhard (1991)

Hotel Sand progettazione
Castelbello/Ciardes

Fam. A. Tappeiner (1992)

Wohnhaus Umbau
Latsch/Morter
Die Planung für diesen denkmalgeschützten Hof aus dem 16. Jahrhundert verlief sehr produktiv. Die Bauausführung weniger.

Fam. A. Tappeiner (1992)

Casa d'abitazione ristrutturazione
Laces/Morter
Il progetto di questo edificio risalente al XVI secolo, sottoposto a tutela, si è svolto in modo assai produttivo. Non così l'esecuzione dei lavori.

Fam. F. + M. Peer (1992)

Doppelwohnhaus
Graun/St. Valentin
Doppelwohnhaus im windigen Obervinschgau. Ein zentraler Wintergarten schafft nutzbare Freiräume.

Fam. F. + M. Peer (1992)

Due case a schiera
Curon/San Valentino
Casa d'abitazione doppia nella ventosa val Venosta superiore. Un giardino d'inverno centrale offre spazi liberi utilizzabili.

Wohnbauinstitut (1992)

29 Wohnungen
Auer
Letztes Projekt für das Wohnbauinstitut. Die bauliche Lösung war ein politischer Kompromiß.

Istituto per l'edilizia abitativa agevolata (1992)

29 appartamenti
Ora
Ultimo progetto per l'istituto per l'edilizia abitativa. La soluzione edilizia è frutto d'un compromesso politico.

Stadtgemeinde Leifers (1992)

Wiedergewinnungsplan
Leifers
In einer willkürlich zusammengesetzten Arbeitsgruppe wurde der Sanierungsplan für die Trabantenstadt von Bozen erstellt. Wie sich herausstellte: für eine Stadt ohne Zentrum und Altbestand.

Comune di Laives (1992)

Piano di recupero
Laives
In un gruppo di lavoro volontariamente costituitosi è stato redatto il piano di risanamento della città satellite di Bolzano. Come è stato messo in evidenza: per una città priva di centro, oltre che di centro storico.

Preiss Christine OHG (1992)

Konditorei Fux
Meran

Preiss Christine s.n.a. (1992)

Pasticceria Fux
Merano

Dr. Steiner/Brenn/Niedermair/Koch (1992)

Wohnanlage Grübelwiesen/Planung
Schlanders

Dott. Steiner/Brenn/Niedermair/Koch (1992)

Case a schiera in cooperativa Grübelwiesen/ progettazione
Silandro

Gemeinde Graun (1992)

Erweiterungszone Gschon
Graun
Dieser Durchführungsplan sollte die Möglichkeit schaffen, die alte Textur des Weilers vorsichtig durch Gebäude zu erweitern. Von Amts wegen wurde im nachhinein die Zonendichte geändert.

Comune di Curon (1992)

Zona di espansione Gschon
Curon
Questo progetto esecutivo doveva offrire la possibilità di ampliare accortamente la vecchia struttura del paesino con nuove costruzioni. Per ragioni d'ufficio, in seguito fu modificata la densità delle zone.

CA-Bankverein (1993)

Repräsentanz
Bozen
Repräsentanz des CA-Bankvereins im Palais Kühnburg. Sie schloß nach 5 Jahren in Bozen ihre Tore.

CA-Bankverein (1993)

Rappresentanza
Bolzano
Rappresentanza dell'unione bancaria CA nel palazzo Kühnburg. Dopo cinque anni, la sede di Bolzano chiuse i battenti.

Raiffeisenkasse Kastelbell (1993)

Neubau und Einrichtung
Kastelbell/Tschars
Der Glasturm, der an den runden Eckturm von Schloß Kastelbell erinnert, wurde zum Zeichen des Dorfes.

Cassa rurale di Castelbello (1993)

Banca nuova costruzione ed arredamento
Castelbello/Ciardes
La torre in vetro, che ricorda la torre d'angolo rotonda del castello di Castelbello, è diventata il simbolo del paese.

Fam. Dr. W. Reider (1993)

Wohnhaus
Jenesien/Afing
Das Elternhaus wurde abgebrochen und im selben Umfang ein Wohnhaus mit 3 Wohnungen errichtet. Das Projekt führte über bürokratische Schwierigkeiten zu einem sehr befriedigenden Resultat für Bauherr und Planer.

Fam. Dott. W. Reider (1993)

Casa d'abitazione
San Genesio/Avigna
La casa dei genitori è stata demolita per far posto a un edificio con tre appartamenti. Nonostante le difficoltà burocratiche, il progetto approdò a un risultato molto soddisfacente sia per i committenti che per l'esecutore.

Kurt Fritz (1993)

Wohnhaus
Schluderns
Kurt ist während der Bauausführung am 14.07.1993 am Ortler tödlich verunglückt. Das Haus wurde später fertiggestellt. Ohne den Geist von Kurt.

Kurt Fritz (1993)

Casa d'abitazione
Sluderno
Durante i lavori di costruzione, il 14 luglio 1993 Kurt è deceduto in seguito a un incidente occorsogli sull'Ortles. L'edificio fu portato a compimento più tardi. Senza lo spirito di Kurt.

SVP (1993)

Bezirksbüro Einrichtung
Schlanders

SVP (1993)

Ufficio arredamento
Silandro

Caritas (1993)

Verwaltungsräume/Einrichtung
Schlanders
Durch Weitsicht des Dekans wurden im Pfarrwidum von Schlanders vermietbare Räumlichkeiten geschaffen, die das große Volumen sinnvoll nutzen und mit Leben füllen.

Caritas (1993)

Uffici arredamento Silandro
Grazie alla lungimiranza del decano, nella casa parrocchiale di Silandro sono stati realizzati vani da affittare. In tal modo si è sfruttato in modo intelligente il notevole spazio, riempiendo l'edificio di vita.

D. Perathoner (1993)

Showroom Arcadia Planung
Bozen

D. Perathoner (1993)

Showroom Arcadia progettazione
Bolzano

Pfarrgemeindeamt (1993)

Sanierung Pfarrkirche
Schlanders
Mit dem Kirchenschiff wurde die Generalsanierung der Schlanderser Pfarrkirche in Angriff genommen. Der Turm, der höchste Südtirols, war der Abschluß.

Consiglio parrocchiale (1993)

Chiesa parrocchiale risanamento
Silandro
Il risanamento generale della chiesa parrocchiale di Silandro ha avuto inizio partendo dalla navata, per concludersi con il campanile, il più alto dell'Alto Adige.

Fam. A. Fasolt (1993)

Wohnhaus Sanierung
Latsch/Goldrain

Fam. A. Fasolt (1993)

Casa d'abitazione risanamento
Laces/Coldrano

Esterglas (1993)

Wohn- und Betriebsgebäude Sanierung/Umbau
Schlanders/Vezzan

Esterglas (1993)

Casa d'abitazione e fabbrica risanamento/ristrutturazione
Silandro/Vezzano

B. Matzohl (1993)

Wohnhaus Neubau
Schlanders/Sonnenberg
Mit diesem Projekt wollte ich der brandgeschädigten Familie unter die Arme greifen.

B. Matzohl (1993)

Casa d'abitazione nuova costruzione
Silandro/Vezzano
Con questo progetto ho voluto dare il mio sostegno alla famiglia, danneggiata dall'incendio.

Sparkasse Schlanders (1993)

Bankgebäude Umbau
Schlanders
Die Sparkasse am Hauptplatz von Schlanders wäre zu einem urbanistisch weit größeren Eingriff bereit gewesen. Leider war der Widerstand der Ortspolitiker so hartnäckig, daß die Geduld des Bauherren aufgebraucht wurde. Übrig blieben der Parkplatz und die Platzgestaltung, die „einen städtischen Charakter" nach Schlanders brachten (Zitat Dr. Hans Wielander).

Cassa di Risparmio Silandro (1993)

Banca ristrutturazione
Silandro
La Cassa di Risparmio, nella piazza principale di Silandro, si sarebbe prestata a un intervento urbanistico di gran lunga più esteso. Purtroppo l'opposizione dei politici locali si rivelò tanto caparbia da far perdere la pazienza ai committenti. Sono rimasti il parcheggio e la struttura della piazza, che hanno dato a Silandro, per citare il dott. Hans Wielander, "il carattere d'una città".

Autonome Provinz Bozen (1993)

Hotel Kaiserhof Sanierung/Umbau/Planung
Meran

Provincia Autonoma di Bolzano (1993)

Hotel Kaiserhof risanamento/ristrutturazione/progettazione
Merano

K. Thurin (1993)

Wohnhaus Gärtnerei Planung
Schlanders

K. Thurin (1993)

Casa d'abitazione giardineria progettazione
Silandro

Stiftung Pro Kloster St. Johann (1993)

Kloster St. Johann
Müstair
Das Kloster St. Johann in Müstair hat meine Arbeit entscheidend geprägt, in Hinblick auf die Denkmalpflege und die Archäologie.
Die gelungene Symbiose zwischen Alt und Neu wird allerseits hervorgehoben.

Stiftung Pro Kloster St. Johann (1993)

Convento San Giovanni
Müstair
Il monastero di San Giovanni, a Müstair, ha inciso in modo decisivo sul mio lavoro per quanto riguarda la tutela dei monumenti e l'archeologia. Ho così conseguito, in ogni ambito, un progresso per quel che riguarda la simbiosi tra antico e moderno.

Stadtgemeinde Leifers (1993)

Bauleitplan
Leifers
Die Stadtgemeinde Leifers wird als politisch sehr schwierig eingestuft. Die Bauleitplanung zog sich über zwei Legislaturperioden. Übrigens der erste digitale Bauleitplan in Südtirol.

Comune di Laives (1993)

Piano Urbanistico Comunale
Laives
Non è facile inquadrare politicamente il comune della città di Laives. La pianificazione della direzione dei lavori si è protratta per due legislature. Tra l'altro, il primo progetto del genere, in Alto Adige, realizzato digitalmente.

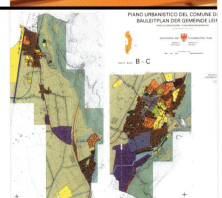

Gemeinde Martell (1993)

Zivilschutzzentrale
Martell
Ob dieser Bau mein Liebkind ist?
Wahrscheinlich, denn sonst hätte ich ihn nicht als Buchcover verwendet.

Comune di Martello (1993)

Centro protezione civile
Martello
Che questa costruzione sia il mio figlio prediletto? È probabile, visto che ne ho fatto uso sul frontespizio.

Gemeinde Tisens (1994)

Mehrzweckgebäude Planung
Tisens
Nervenaufreibende langwierige Planung, bei der es leider auch geblieben ist. Das Projekt sah eine teilweise unterirdische Verbauung vor.

Comune di Tesimo (1994)

Edificio pluriuso progetto
Tesimo
Lungaggini progettuali da collasso nervoso. E così, purtroppo, la situazione è rimasta. Il progetto prevedeva una parziale edificazione sotterranea.

Jugenddienst Schlanders (1994)

Einrichtungsplanung
Schlanders

Centro giovanile (1994)

Progetto d'arredamento
Silandro

Fam. A. Schwembacher (1994)

Gasthof Schönblick Erweiterung
Martell

Fam. A. Schwembacher (1994)

Albergo Schönblick ampliamento
Martello

Wohnbaugenossenschaft Quair (1994)

Wohnbaugenossenschaft und Wohnanlage 9 und 10
Schluderns
Letztes großes Projekt im sozialen Wohnbau, solange die Südtiroler Gesetzgebung so verwirrend und unklar ist. 19 Familien wurden ohne lange Diskussion in 10 bzw. 9 Reihenhäusern untergebracht. Als Zeichen der Akzeptanz: ab und zu laden mich die Bauherren zu einer Marende ein.

Cooperativa Edilizia Quair (1994)

Case a schiera in cooperativa 9 e 10
Sluderno
Ultimo grande progetto nel campo dell'edilizia abitativa sociale, fin quando la legislazione altoatesina in merito si dimostri tanto deviante e nebulosa. È il caso dì 19 famiglie, rinserrate - senza troppo discutere - in dieci e nove, casette a schiera. Ecco la gratitudine per chi ha accettato: tanto per gradire, i committenti m'hanno offerto una merenda.

Baron Kripp (1994)

Schlandersberg
Schlanders
Das Schloß Schlandersberg wurde von der Familie Baron Kripp erstanden. Verschiedene Projektanten durften Entwürfe vorlegen. Meiner wurde nicht realisiert.

Barone Kripp (1994)

Castel Schlandersberg
Silandro
Il castello Schlandersberg venne restituito a nuova vita dalla famiglia dei baroni Kripp. Numerosi progettisti hanno potuto proporre le proprie soluzioni. La mia non ha avuto esito.

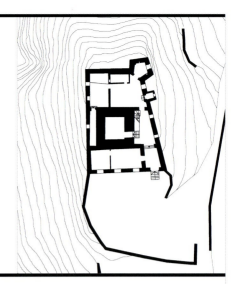

Fam. Dr. W. Thöni (1994)

Wohnungseinrichtung
Schluderns

Fam. Dott. W. Thöni (1994)

Casa d'abitazione arredamento
Sluderno

Bezirksgemeinschaft Pustertal (1994)

Mülldeponie
Bruneck

Comunità Comprensoriale Val Pusteria (1994)

Discarica
Brunico

Autonome Provinz Bozen (1994)

Sanitätseinheit West Einrichtung
Schlanders
Das Pfarrwidum von Schlanders (Kommende) sollte wirtschaftlich genutzt werden. Deshalb wurden Räumlichkeiten für die Sanitätseinheit geschaffen. Das riesige Gebäude ist dadurch wieder belebt.

Provincia Autonoma di Bolzano (1994)

USL arredamento
Silandro
La casa parrocchiale di Silandro (commenda) doveva essere utilizzata a fini economici. A questo scopo vennero utilizzati molti spazi per l'unità sanitaria. Ed è così che quell'enorme edificio si è nuovamente popolato.

Fam. K. Innerhofer (1994)

Wohnhaus Umbau
Kastelbell/Tschars

Fam. K. Innerhofer (1994)

Casa d'abitazione ristrutturazione
Castelbello/Ciardes

Fam. F. Tedone (1994)

Villa Regina Sanierung
Sulden
Mit der Sanierung des Hauses ein Stück Sulden aus der Jahrhundertwende gerettet.

Fam. F. Tedone (1994)

Villa Regina risanamento
Solda
Una parte di Solda, sorta a cavallo del secolo, si è potuta salvare grazie al risanamento.

Fam. Dr. B. Karner (1994)

Wohnhaus Sanierung
Trafoi
Dem Bauherrn ist es zu verdanken, daß das Gebäude stehengeblieben ist. Die Hülle ist alt, die Tragstruktur dahinter neu. Vor ca. 100 Jahren hat eine Staublawine das Dachgeschoß auf die gegenüberliegende Talseite gefegt. Durch die Nutzung wurde das Haus zum dritten Leben erweckt. Sieben haben die Katzen.

Fam. Dott. B. Karner (1994)

Casa d'abitazione risanamento
Trafoi
Un grazie sentito al committente. L'edificio coma sopra è ancora in piedi. L'esterno è antico, le strutture portanti sono di oggi. Circa cent'anni fa una valanga pulverulenta aveva investito il sottotetto, sospingendolo verso il prospiciente lato a valle. Grazie all'uso, la casa è rinata ad una terza vita. I gatti ne hanno sette.

Rehabilitationszentrum (1994)

Rehabilitationszentrum Sozialstruktur Planung
Auer

Centro di riabilitazione (1994)

Centro di riabilitazione/struttura sociale progetto
Ora

Fam. E. Paulmichl (1995)

Wohnhaus Neubau
Sulden
Beneidenswerte Lage für den Neubau. Leider noch nicht realisiert. Wer weiß.

Fam. E. Paulmichl (1995)

Casa d'abitazione nuova costruzione
Solda
Posizione ottimale per costruzioni nuove. Ma non è stato realizzato ancora niente. Chissà.

Fam. K. Mair (1995)

Gasthof Adler Sanierung
Tisens

Fam. K. Mair (1995)

Albergo Aquila risanamento
Tesimo

Fam. Ladurner (1995)

Hotel Preidlhof Erweiterung
Naturns
Ein Projekt, das die gesetzlichen Möglichkeiten voll ausgeschöpft hat. Mehr nicht.

Fam. Ladurner (1995)

Hotel Preidlhof ampliamento
Naturno
Un progetto completamente svuotato dai cavilli giuridici. Tutto qui.

Forst AG (1995)

Hotel Paradiso (Arch. Gio Ponti) Aufmaß
Martell
Das Hotel Paradiso ist für mich genauso wichtig wie Juval und Kloster St. Johann. In dieser Umgebung habe ich meine Jugend verbracht. Das Innere des Hotels ist mir bekannt wie meine Hosentasche, weil wir als Kinder dort Verstecken gespielt haben.

Forst s.p.a. (1995)

Hotel Paradiso (Arch. Gio Ponti) rilievo
Martello
L'hotel Paradiso ha per me altrettanta importanza di Juval e del monastero di San Giovanni. In questa zona ho trascorso la mia giovinezza. Conosco l'interno dell'hotel come le mie tasche, perché da bambini ci giocavamo a nascondino.

Fam. A. Alber (1995)

Wohn und Betriebsgebäude
Laas/Eyrs
Der Bauherr war auch der Baumeister. Durch jahrelange Zusammenarbeit auf den Bauherrn eingestellt, konnte dieses Gebäude realisiert werden.

Fam. A. Alber (1995)

Casa d'abitazione e di commercio
Lasa/Oris
Il committente era anche il costruttore. Dopo anni di comune lavoro, in sintonia con lui, fu possibile realizzare quest'edificio.

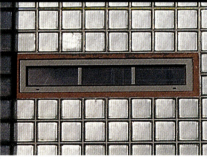

K. Wieser (1995)

Geschäft Umbau
Schlanders

K. Wieser (1995)

Negozio ristrutturazione
Silandro

Fam. H. Gutweniger (1996)

Parchotel Umbau/Planung
Sulden

Fam. H. Gutweniger (1996)

Parchotel ristrutturazione progettazione
Solda

Fam. Dr. K. Pirhofer (1996)

Wohnhaus Planung
Meran
Entwurf für ein Wohnhaus anstelle der Talstation der Seilbahn Hafling. Feinfühlig die Aussicht in den Vinschgau und das Unterland einbezogen. Realisiert wurde etwas anderes.

Fam. Dott. K. Pirhofer (1996)

Casa d'abitazione progetto
Merano
Progetto di una casa d'abitazione al posto della stazione a valle della funivia di Avelengo. Delizioso il panorama, che comprende la visione verso l'interno della val Venosta e la Bassa atesina. La realizzazione, tuttavia, presenta qualche differenza.

Fam. J. Magliana (1996)

Wohnung Umbau
Sulden

Fam. J. Magliana (1996)

Abitazione ristrutturazione
Solda

Elmak/A. Astfäller (1996)

Betriebsgebäude
Schlanders
Durch gute Zeit und Detailplanung wurde dieses Gewerbegebäude in zwei Monaten vom Bauherrn selbst errichtet. Gestaltung in Firmenfarbe. Stahlskelett und anstelle der Außenmauern mit Isolierverglasung und Isolierpaneelen.

Elmak/A. Astfäller (1996)

Sede aziendale
Silandro
Grazie a una buona pianificazione di tempi e dettagli, questa manifattura venne realizzata in due mesi dallo stesso committente. Costruzione nei colori della ditta. Struttura in acciaio e, al posto dei muri esterni, vetrate e pannelli isolanti.

Fam. H. Schöpf (1996)

Schnatzhof Sanierung
Schlanders

Fam. H. Schöpf (1996)

Schnatzhof risanamento
Silandro

Fam. K. Wielander (1996)

Rosenwirt Sanierung
Schlanders

Fam. K. Wielander (1996)

Rosenwirt risanamento
Silandro

Fam. H. Tavernini (1996)

Wohn/Geschäftshaus Umbau
Schlanders
Durch die Aufstockung des Dachgeschosses erhielt das Gebäude eine eigene Typik. Die Wohnung liegt hinter einer Glasfassade, die von der Straße aus nicht einsehbar ist.

Fam. H. Tavernini (1996)

Casa d'abitazione e di commercio
Silandro
Grazie all'innalzamento del sottotetto, l'edificio ha assunto una tipologia particolare. L'appartamento è situato dietro una facciata in vetro, invisibile dalla strada.

Fam. F. Paulmichl (1996)

Wohnung Umbau
Stilfs

Fam. F. Paulmichl (1996)

Abitazione ristrutturazione
Stelvio

Gemeinde Naturns (1996)

Musikschule Neubau
Naturns
Ein Wettbewerbserfolg, der auch realisiert werden konnte. Der Baukörper der Musikschule bildet einen Innenhof, der den Kirchenbetrieb akustisch nicht stört.

Comune di Naturno (1996)

Scuola di musica nuova costruzione
Naturno
Il risultato di un concorso, che potè anche essere portato a compimento. Il complesso della scuola musicale comprende un cortile interno che non disturba acusticamente l'attività della chiesa.

A. Alber (1997)

Doppelwohnhaus
Schlanders/Göflan
Der Traum eines jeden Architekten: ein Haus ins Grüne stellen zu dürfen. Hier prägt die Gestalt der Wandscheibe das Licht im Gebäude.

A. Alber (1997)

Casa con due appartamenti
Silandro/Covelano
Il sogno d'ogni architetto: poter sistemare una casa in mezzo al verde. Qui la forma della lastra parietale fa irrompere la luce nell'edificio.

E. Matzohl (1997)

Landwirtschaftliche Unterstelle
Schlanders

E. Matzohl (1997)

Rimessa agricola
Silandro

Fam. Dr. E. Knoll (1997)

Sanierung Gurtenhof Projekt
Tisens

Fam. Dott. E. Knoll (1997)

Gurtenhof risanamento progetto
Tesimo

Gemeinde Martell (1998)

Haus der Natur/Nationalpark
Martell
Den baulichen Abschluß der Freizeitanlage
Trattla bildet der Turm, in dem das Museum
untergebracht ist: Haus der Natur
des Nationalparks Stilfserjoch.

Comune Martello (1998)

Casa della natura/Parco Nazionale
Martello
La conclusione della costruzione del complesso
per il tempo libero di Trattla interessa la torre,
nella quale è stato sistemato il museo: casa della
natura del parco nazionale dello Stelvio.

Prof. L. Saltuari (1998)

Wohnhaus Sanierung
Seefeld/Tirol
Bauherr und Objekt ermöglichten diesen Eingriff.
Gebäude von Arch. Mazzagg, aus den 20er
Jahren, am Ufer des Sees gelegen.

Prof. L. Saltuari (1998)

Casa d'abitazione risanamento
Seefeld/Tirolo
Il committente e l'oggetto hanno reso possibile
quest'operazione. Edifici degli anni Venti, sulla
riva del lago, dell'arch. Mazzagg.

H. Auer (1998)

Wohnhaus Umbau
Schlanders

H. Auer (1998)

Casa d'abitazione ristrutturazione
Silandro

Barmherzige Schwestern (1998)

Privatklinik Martinsbrunn Umbau/Erweiterung
Meran
Die Privatklinik Martinsbrunn wurde um 1900 gegründet. Durch funktionsbedingte bauliche Erweiterungen entstand eine Anlage, die sehr verspielt wirkt. Die Sanierung beginnt mit der Bereinigung und mit zurückhaltenden Erweiterungsarbeiten.

Suore di Carità (1998)

Clinica privata Martinsbrunn ristrutturazione/ampliamento
Merano
La clinica privata Martinsbrunn fu fondata intorno al 1900. A causa di ampliamenti imposti da motivi di funzionalità, si è giunti ad una sistemazione tutt'altro che ottimale. Il risanamento inizia con la pulizia e con modesti lavori di ampliamento.

Fam. A. Waldner (1998)

Wohnhaus Erweiterung
Graun/St. Valentin

Fam. A. Waldner (1998)

Casa d'abitazione ampliamento
Curon/San Valentino

Fam. Dr. G. Gruber (1999)

Wohnhaus Umbau
Meran/Labers
Das Randgebäude in einer kleinen Wohnsiedlung aus den 70er Jahren wird umgebaut und erweitert.

Fam. Dott. G. Gruber (1999)

Casa d'abitazione ristrutturazione
Merano/Labers
L'edificio periferico in un piccolo insediamento degli anni Settanta viene ristrutturato ed ampliato.

Fam. P. Laimer (1999)

Hotel zur Linde Erweiterung
Schlanders

Fam. P. Laimer (1999)

Hotel zur Linde ampliamento
Silandro

Autonome Provinz Bozen (1999)

Sanierungskonzept der Bauwerke
Vinschgau
Die Vinschger Bahn soll wieder aktiviert werden. Dazu wurde überlegt, wie auch die bauliche Substanz aus der Zeit um 1900 saniert und wiederverwertet wird.

Provincia Autonoma di Bolzano (1999)

Concetto di risanamento edifici
Val Venosta
La ferrovia della val Venosta dovrebbe essere riattivata. Si è inoltre riflettuto su come risanare e rivalorizzare il relativo patrimonio edilizio, risalente ai primi del 1900.

Autonome Provinz Bozen (1999)

Nutzungskonzept der Bauwerke
Vinschgau
Im Zuge der obigen Maßnahme entstand eine Diskussionsplattform mit der Bevölkerung, die endlich vom alten Klischee der „Litorina" abging, auch dank dem Einsatz von Regionalassessor Dr. R. Theiner.

Provincia Autonoma di Bolzano (1999)

Concetti di utilizzo degli edifici
Val Venosta
Nel corso del provvedimento di cui sopra, è nata una piattaforma di discussione con la popolazione, che finalmente ha abbandonato il vecchio clichèt della "littorina", anche grazie all'opera dell'assessore regionale dott. R. Theiner.

Trigon KG/Spitaler (1999)

Garagen „Midland" Sanierung
Stilfs/Sulden
Dises Gebäude steht im Ensemble des Hotel Post, Teile davon unter Denkmalchutz. Die Absicht, ein Stück Alt-Sulden zu erhalten, ist uns anscheinend gelungen. Der Beweis: Die plötzliche Akzeptanz der Suldner.

Trigon s.a.s./Spitaler (1999)

Garage "Midland" risanamento
Stelvio/Solda
Quest'edificio è inserito nel complesso edilizio del Hotel Posta in parte sotto tutela delle Belle Arti. Sembra che siamo riusciti di salvare una parte della vecchia Solda come nostra intenzione. La conferma: l'improvvisa accettazione dei "Soldani".

Bischof Rosat (1999)

Catedrale Santuario la Virgin de candelaria
Neubau
Aiquile/Bolivien

Vescovo Rosat (1999)

Cattedrale Santuario la Virgin de candelaria
nuova costruzione
Aiquile/Bolivia

Gemeinde Martell (2000)

Trattla Schwimmbad
Martell
Die Überdachung des Schwimmbades in der Freizeitanlage wurde schon früher realisiert. Über die Jahre gab es einige Veränderungen: Im gesamten Badbereich und im Becken wurde der Marteller Plimastein verwendet. Aus Lokalpatriotismus und um die Marteller von ihrem Glück zu überzeugen.

Comune di Martello (2000)

Piscina coperta Trattla
Martello
La copertura della piscina nel complesso per il tempo libero è stata realizzata già in precedenza. Nel corso degli anni sono state apportate alcune modifiche: nell'intera area di balneazione e nella vasca si è fatto ricorso alla pietra del Plima della val Martello. Tutto questo per campanilismo e per convincere i valligiani della loro fortuna.

Fam. K. Gottschall (2000)

Schloß Dornsberg Sanierung
Naturns

Fam. K. Gottschall (2000)

Castel Dornsberg risanamento
Naturno

Autonome Provinz Bozen (2000)

Kapuzinergarten
Bozen
Nach Abschluß der Sanierung des Klosters wird der Garten (Kapuzinergarten) gestaltet. Er ist die einzige grüne Lunge in diesem Stadtteil und wird auch für das Bozner Theater geöffnet.

Provincia Autonoma di Bolzano (2000)

Giardino Frati Cappuccini
Bolzano
Dopo la conclusione dei lavori di risanamento del monastero si provvede alla sistemazione del giardino dei Cappuccini. Si tratta dell'unico polmone verde in questa parte della città, e si apre, anche per il teatro di Bolzano.

Gemeinde Naturns (2000)

Dorfgestaltung
Naturns
Die Verwaltung der Gemeinde Naturns macht sich Gedanken über die Zukunft des Ortes nach der langersehnten Tunnelumfahrung. Es wird nach einem Erscheinungsbild gesucht, das Plätze, Straßenzüge und Wohnqualität mit einschließt. Auch Zeichen in der Landschaft entstehen so.

Comune di Naturno (2000)

Arredo urbano del paese
Naturno
L'amministrazione comunale di Naturno si preoccupa del futuro del luogo dopo l'entrata in funzione, da gran tempo prevista, della circonvallazione in galleria. Si è alla ricerca di un'immagine che comprenda anche piazze, rete stradale e qualità abitativa. Anche i segni nel paesaggio nascono in questo modo.

Wettbewerbe / concorsi

J. Zotter (1974)

Studentenwettbewerb

J. Zotter (1974)

Concorso studenti

Dunlupillo (1975)

Student Designer Award

Dunlupillo (1975)

Student Designer Award

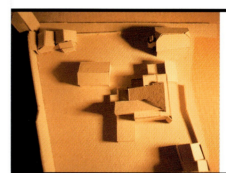

Gemeinde Glurns (1975)

Schulzentrum
4. Preis

Comune di Glorenza (1975)

Centro scolastico
4. premio

Autonome Provinz Bozen (1978)

Schulzentrum Drususbrücke
1. Preis

Provincia Autonoma di Bolzano (1978)

Centro scolastico Ponte Druso
1. premio

Gemeinde Schlanders (1978)

Schulzentrum Schlanders „Cecchin"
1. Preis

Comune di Silandro (1978)

Centro scolastico "Cecchin"
1. premio

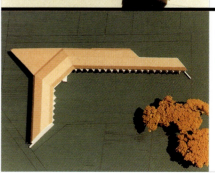

Gemeinde Bruneck (1979)

Bezirksaltersheim Bruneck
2. Preis

Comune di Brunico (1979)

Casa ricovero Brunico
2. premio

Gemeinde Latsch (1979)

Mittelschule

Comune di Laces (1979)

Scuola media

Gemeinde Schlanders (1979)

Lichtspielhaus K. Schönherr

Comune di Silandro (1979)

Cinema K. Schönherr

Gemeinde Stilfs (1979)

Haus der Dorfgemeinschaft
2. Preis

Comune di Stelvio (1979)

Centro civico
2. premio

Europäische Union (1980)

Solarhaus

Unione Europea (1980)

Casa solare

Gemeinde Bruneck (1981)

Bezirksaltersheim Bruneck II 1981

Comune di Brunico (1981)

Casa ricovero Brunico II

Bezirksgemeinschaft Wipptal (1982)

Bezirksaltersheim Sterzing

Comprensorio Alta Val d'Isarco (1982)

Casa ricovero Vipiteno

Gemeinde Schlanders (1982)

Kaufmännische Lehranstalt

Comune di Silandro (1982)

Scuola commerciale

160

Gemeinde Schlanders (1982) Kultur. und Vereinshaus	**Comune di Silandro** (1982) Centro culturale

Autonome Provinz Bozen (1984)

Neugestaltung des Landtagsaales
Ankauf

Provincia Autonoma di Bolzano (1984)

Sistemazione sala Giunta Provinciale
Rimborso spese

Gemeinde Bozen (1984)

Altstadtgestaltung
Ankauf

Comune di Bolzano (1984)

Arredo urbano
Rimborso spese

Gemeinde Stilfs (1984)

Volksschule Sulden
2. Preis

Comune di Stelvio (1984)

Scuola elementare di Stelvio
2. premio

La Biennale di Venezia (1884)

Badoere

La Biennale di Venezia (1884)

Badoere

Autonome Provinz Bozen (1985)

Unterirdische Sporthallen Cadornastraße

Provincia Autonoma di Bolzano (1985)

Palestre sotterranee Via Cadorna

Gemeinde Kastelruth (1985)

Mehrzweckhaus
3. Preis

Comune di Castelrotto (1985)

Centro culturale
3. premio

Gemeinde Meran (1985)

Altersheim

Comune di Merano (1985)

Casa ricovero

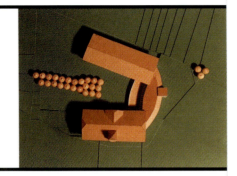

Gemeinde Schnals (1986)

Neubau Gemeindehaus
Ankauf

Comune di Senales (1986)

Municipio
Rimborso spese

Gemeinde Innichen (1988)

Platzgestaltung

Comune di San Candido (1988)

Arredo urbano

Kurie (1989)

Pastoralzentrum
1. Preis ex equo
Prof. Barth

Curia (1988)

Elaborazione del Centro pastorale
1. premio ex equo
Prof. Barth

Autonome Provinz Bozen (1989)

Feuerwehrschule
Ankauf

Provincia Autonoma di Bolzano (1989)

Scuola Vigili del Fuoco
Rimborso spese

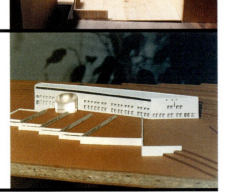

Kurie (1989)

Überarbeitung des Pastoralzentrums
2. Preis

Curia (1989)

Elaborazione del Centro pastorale
2. premio

Gemeinde Graun (1991)

Schulzentrum Reschen
3. Preis

Comune di Curon (1991)

Centro Scolastico di Resia
3. premio

Gemeinde Kastelbell (1991)

Ortszentrum Kastelbell
2. Preis

Comune di Castelbello (1991)

Centro di Castelbello
2. premio

Kloster Neustift (1991)

Platzgestaltung
1. Preis

Convento di Novacella (1991)

Arredo urbano
1. premio

Gemeinde Bruneck (1993)

Öffentliche Einrichtungen Bruneck

Comune di Brunico (1993)

Centro pubblico/arredo urbano di Brunico

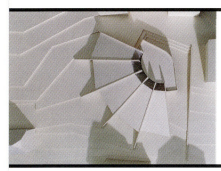

Gemeinde Tramin (1993)

Bau Kindergarten, Umbau Volksschule

Comune di Termeno (1993)

Asilo, ristrutturazione della scuola elementare

Gemeinde Algund (1994)

Ortszentrum Algund
3. Preis

Comune di Lagundo (1994)

Centro di Lagundo
3. premio

Autonome Provinz Bozen (1995)

Kunstwerk Landeslabor

Provincia Autonoma di Bolzano (1995)

Arredo laboratorio provinciale

Autonome Provinz Bozen (1995)

Umfahrungsstraße Leifers
(mit Lotti Associati)
3. Preis

Provincia Autonoma di Bolzano (1995)

Circonvallazione Laives - Bolzano
(con Lotti Associati)
3. premio

Europäische Akademie (1995)

Akademiegebäude Bozen

Accademia Europea (1995)

Centro Accademia Europea

Gemeinde Schlanders (1995)

Volksschule Kortsch 1995
2. Preis

Comune di Silandro (1995)

Scuola elementare di Corces
2. premio

Gemeinde Naturns (1996)

Musikschule
1. Preis

Comune di Naturno (1996)

Scuola di musica
1. premio

Gemeinde Plaus (1996)

Gemeindezentrum mit Kindergarten

Comune di Plaus (1996)

Centro comunale con scuola materna

Autonome Provinz Bozen (1997)

Städtebaulicher Ideenwettbewerb Mignone

Provincia Autonoma di Bolzano (1997)

Concorso urbanistico Mignone

Autonome Provinz Bozen (1998)

Dreifachsporthalle Mals 1998

Provincia Autonoma di Bolzano (1998)

Palestra tripla di Malles

	Autonome Provinz Bozen (1998)	**Provincia Autonoma di Bolzano** (1998)
	Universität Brixen	Università Bressanone
	Autonome Provinz Bozen (1998)	**Provincia Autonoma di Bolzano** (1998)
	Grandhotel Toblach Ankauf	Grandhotel Dobbiaco Rimborso spese
	Gemeinde Bruneck (1999)	**Comune di Brunico** (1999)
	Sportzone Ankauf	Zona sportiva Rimborso spese
	Kurbad Meran AG (1999)	**Azienda Terme Merano s.p.a.** (1999)
	Kurbad Meran	Terme Merano
	Würth Srl (1999)	**Würth s.r.l.** (1999)
	Verwaltungs-, Vertriebszentum Würth Neumarkt	Centro logistico Würth Egna
	Autonome Provinz Bozen (2000)	**Provincia Autonoma di Bolzano** (2000)
	Corporate Design Ankauf	Corporate Design Rimborso spese
	Stilfserjoch Nationalpark (2000)	**Parco Nazionale dello Stelvio** (2000)
	Dauerausstellung Preis	Museo Parco Nazionale premio

Dank

Ringraziamenti

Ich danke den Firmen: Alber Alfred Eyrs, Amac Meran, Cles Stienta (Rovigo), Electronia Bozen, Elmak Schlanders, Fleischmann Karl Schlanders, Lechner Alois Prad, Metallbau Glurns, Niederstätter Bozen, Pohl Herbert Latsch, Tavernini Heinrich Schlanders, Telser Türen Burgeis, Trigon Bozen für den finanziellen Beitrag zu dieser Veröffentlichung.

Ringrazio le ditte: Alber Alfred Oris, Amac Merano, Cles Stienta (Rovigo), Electronia Bolzano, Elmak Silandro, Fleischmann Karl Silandro, Lechner Alois Prato, Metallbau Glorenza, Niederstätter Bolzano, Pohl Herbert Laces, Tavernini Heinrich Silandro, Telser Porte Burgusio, Trigon Bolzano per il generoso contributo finanziario a questa pubblicazione.

Meine Mitarbeiter bis heute:

I miei collaboratori fino ad oggi:

Alberto Alex Alfred Amedeo Andrea C. Andrea S. Andreas P. Anja E. Anja H. Antonia Arnold K. Arnold M. Barbara Christian Christoph A. Christoph V. Daniel Dolores Elisabeth T. Elisabeth W. Erich Esther Evi Fabio Franz P. Franz S. Friedolin Frowin Gaudens Georg Giorgio Gudrun Hamda Ben Mokhar Harald Heidi Helmut Ingrid B. Ingrid R. Irmgard Joachim Johanna Julien Jürgen Karlheinz Katherina Katja K. Katja P. Klaus A. Klaus L. Klaus M. Klaus P. Klaus Z. Kurt Lara Laura Leo Lukas Manuel Maria Markus Martin P. Martin S. Martin T. Martine Matthias Maurizio Melanie Michaela Michael Monika Morgan Nadja Noemi Nuccio Paolo Patrizia Paul Pauline Peter Paul Petra Pier Paolo Renate S. Renate T. Richard Roland B. Roland S. Silke Silvia N. Silvia P. Stefan Stefano B. Stefano R. Teresa Tomaso Thomas E. Thomas Si. Thomas St. Thomas Th. Thomas Ts. Ulrich Ulrike F. Ulrike G. Ute Valentin Vanessa Verena Werner G. Werner P. Wilfried Wolfgang

Viele Projekte aus den Jahren 1979 – 1987 entstanden gemeinsam mit Kollegen Walter Dietl, der damals mein Büropartner war.

Molti progetti risalenti agli anni 1979 – 1987 sono nati insieme al collega Walter Dietl, allora mio socio d'ufficio.

Die folgende Wettbewerbe / Projekte in Zusammenarbeit mit:

I seguenti concorsi / progetti in collaborazione con:

Rehabilitationszentrum Auer (Z. Bampi)
M. Pirhofer (A. Gapp)
Landtagsaal (C. Bartenbach)
Altstadtgestaltung (C. Bartenbach)
Pastoralzentrum (A. Gapp und W. Piller)
Würth (W. Schmidt)

Wiedergewinnungsplan Leifers (R. D'Ambrogio, P. Amplatz, D. Postal)
Mülldeponie Bruneck (R. Baldi)

Centro di riabilitazione Ora (Z. Bampi)
M. Pirhofer (A. Gapp)
Sala Giunta Provinciale (C. Bartenbach)
Arredo urbano (C. Bartenbach)
Centro pastorale (A. Gapp und W. Piller)
Würth (W. Schmidt)

Piano di recupero Laives (R. D'Ambrogio, P. Amplatz, D. Postal)
Discarica Brunico (R. Baldi)

Publikationen und Veröffentlichungen

Eigene Publikationen
Chronik von Schlanders (mit Hans Wielander) 1984
Chronik von Martell 1985
Kennst Du Deine Heimat? 1989/1990 (Südtiroler Landessparkasse)
EDV in den Architekturbüros in Italien – ACS Wiesbaden / Kompendium 1989
Urbanistische Gesetzgebung in Südtirol (CD-Rom) 1995
Architektur erzählt / Architettura narrativa 2001

Bibliographie
Denkmalpflege in Südtirol 1995-1998
Luoghi dell'arte (4° volume G. Conta) 1996
Turris Babel, Katalog "Aus der Werkstatt des Architekten", Bauwelt, Ufficio Stile, Casa Vogue, Baumeister, DBZ "Architektur aktuell",
Detail, Who is who 1997
Kantonale Denkmalpflege Graubünden 1994 - 1998

Dr. Karl Spitaler Architekt

Karl Spitaler wurde 1951 in Schlanders geboren. Landschaft und Tradition des Vinschgau prägten den Heranwachsenden, den Studierenden und sollten auch für den Architekten prägend bleiben. Das Studium absolvierte Spitaler in Innsbruck am Institut für Baukunst (Staatsprüfung bei Prof. Dr. J. Daum) und an der Universität Venedig bei Professor Arch. Dr. Carlo Aymonino. Nach einer kurzen Zeit als Studienassistent in Innsbruck ließ sich Spitaler 1977 als freier Architekt in Bozen und Schlanders nieder.

Zahlreiche Wettbewerbsbeteiligungen und Preise kennzeichnen die folgenden Jahre. Es entstehen Schul-, Museums, und Industriebauten, Wohnhäuser und Geschäftszentren, wobei Spitalers Ruf bald schon mit besonderem Einfühlungsvermögen bei der Einbeziehung alter Bausubstanz in moderne Projekte verbunden wird. Die Churburg in Schluderns, die Schlösser Tirol, Schenna und Juval, die Burg Eschenlohe waren genauso maßgeblich dafür wie die Klosteranlage St. Johann in Müstair (Schweiz), immerhin ein Weltkulturerbe, oder das Kapuzinerkloster in Bozen, das zur Sozialakademie umgestaltet wurde. Ein weiterer Aspekt von Spitalers Tätigkeit ist die urbanistische Planung, sind Bebauungspläne und Bauleitpläne für zahlreiche Orte und Nord- und Südtirol (Kirchdorf, Telfes, Neustift im Stubaital, Fulpmes, Itter, Leifers, Neumarkt, Graun, Kastelbell, Trudenbach).

Über die eigentliche berufliche Tätigkeit, das Bauen, Entwerfen und Gestalten hinaus, wurde Architekt Spitaler bald schon in diverse Kommissionen berufen, stellte sich beratend, prüfend und mitentscheidend in den Dienst von Vereinen und öffentlichen Einrichtungen. Um nur einige dieser Aufgaben zu nennen, ist Spitaler seit 1986 Landessachverständiger für Urbanistik und war Ausschußmitglied der Architektenkammer der Provinz Bozen (1986-1990), außerdem gesetzlicher Brandschutzexperte, Vorstandsmitglied des Südtiroler Ingenieur und Architektenvereins bis 1998. Er saß im Gemeinderat von Schlanders (1990-1995) und ist Sanierungsbeauftragter der Stadtgemeinde Leifers. Sein Wissen und seine Erfahrung gibt Spitaler immer wieder in Referaten bei verschiedenen Seminaren von Trient über Zürich bis Mailand oder als Lehrbeauftragter der Technischen Universität Innsbruck, Institut für Denkmalpflege (1991/992) weiter. In mehreren Ausstellungen zeigte Spitaler besondere Aspekte seiner Arbeiten, außerdem trat er mit einer Reihe von Publikationen an die Öffentlichkeit.

Pubblicazioni

Pubblicato in proprio
Chronik von Schlanders (con Hans Wielander) 1984
Chronik von Martell 1985
Conosci la tua provincia? 1989/1990 (Cassa di Risparmio della Provincia di Bolzano)
EDV in den Architekturbüros in Italien – ACS Wiesbaden / Kompendium 1989
Normativa urbanistica in Alto Adige (CD-Rom) 1995
Architektur erzählt / Architettura narrativa 2001

Bibliografia
Tutela dei beni culturali in Alto Adige 1995-1998
Luoghi dell'arte (4° volume G. Conta) 1996
Turris Babel, catalogo "Immagini di architettura", Bauwelt, Ufficio Stile, Casa Vogue, Baumeister, DBZ "Architektur aktuell", Detail,
Who is who 1997
Kantonale Denkmalpflege Graubünden 1994 - 1998

Dott. Karl Spitaler Architetto

Karl Spitaler è nato a Silandro nel 1951. Il paesaggio e le tradizioni della val Venosta lo hanno profondamente segnato nel periodo dell'adolescenza e negli anni dell'università, e devono continuare a segnarlo anche come architetto. Spitaler ha frequentato la Facoltà di Architettura presso l'Università di Innsbruck, sostenendo l'esame di stato con il prof. dott. J. Daum, proseguendo poi gli studi presso l'Università di Venezia con il prof. arch. dott. Aymonino. Dopo un breve periodo di assistenza universitaria ad Innsbruck, dal 1977 Spitaler esercita la libera professione di architetto a Bolzano e a Silandro. Gli anni successivi lo vedono vincitore di numerosi concorsi e premi.

Sorgono edifici scolastici, musei e complessi industriali, case d'abitazione e centri commerciali, dove la fama di Spitaler si lega ben presto, e con empatia tutta particolare, all'inclusione di istanza architettonica antica in progetti moderni: La Churburg di Sluderno, i castelli di Tirolo, Scena e Juval, la rocca di Eschenlohe, al proposito, sono stati altrettanto decisivi quanto il complesso monastico di San Giovanni a Müstair (Svizzera), sempre patrimonio culturale mondiale, o il convento dei Cappuccini a Bolzano adattato ad Accademia sociale. Un ulteriore aspetto dell'attività di Spitaler risiede nella progettazione urbanistica, nei piani regolatori, nella direzione dei lavori in numerose località del Tirolo e dell'Alto Adige (Kirchdorf, Telfes, Neustift nello Stubeital, Fulpmes, Itter, Laives, Egna, Curon, Castelbello, Trodena).

Per quanto riguarda l'attività professionale vera e propria, cioè la costruzione, la progettazione e l'impostazione, l'architetto Spitaler, ben presto, è stato già nominato in diverse commissioni, fornendo consigli, svolgendo perizie, ricoprendo ruoli codecisionali, al servizio di associazioni e istituzioni pubbliche. Soltanto per ricordare alcuni di questi incarichi, si pensi che Spitaler, fin dal 1986, è perito provinciale per l'urbanistica, ed è stato membro della giunta dell'Ordine degli Architetti della provincia di Bolzano (1986-1990), oltre che perito giudiziario per la tutela antincendio, membro del direttivo dell'Associazione provinciale degli ingegneri ed architetti fino al 1998. Ha fatto parte del consiglio comunale di Silandro (1990-1995), ed è incaricato al risanamento del comune della città di Laives. Senza interruzione, Spitaler mette a disposizione la propria cultura e le proprie esperienze con relazioni nell'ambito di seminari, da Trento a Zurigo a Milano, o come docente incaricato presso la Facoltà d'architettura di Innsbruck, all' Istituto per la tutela dei monumenti (1991/92). In numerose esposizioni Spitaler ha mostrato particolari aspetti delle sue opere, oltre a farsi conoscere al pubblico anche per le sue pubblicazioni.